三毛传

给流浪的心寻找归属

杨祯萍◎著

海峡出版发行集团
海峡文艺出版社

图书在版编目（CIP）数据

三毛传：给流浪的心寻找归属 / 杨祯萍著. — 福州：海峡文艺出版社，2018.5（2019.9 重印）

ISBN 978-7-5550-1501-7

Ⅰ. ①三… Ⅱ. ①杨… Ⅲ. ①三毛（1943—1991）—传记 Ⅳ. ① K825.6

中国版本图书馆 CIP 数据核字（2018）第 074650 号

三毛传

——给流浪的心寻找归属

杨祯萍 著

责任编辑 林 颖

出版发行 海峡文艺出版社

经　　销 福建新华发行（集团）有限责任公司

社　　址 福州市东水路76号14层

发 行 部 0591－87536797

印　　刷 福州凯达印务有限公司

厂　　址 福州市金山红江路2号浦上工业园B区47号楼

开　　本 890毫米×1240 毫米 1 / 32

字　　数 170千字

印　　张 9

版　　次 2018 年 5月第1版

印　　次 2019 年 9月第6次印刷

书　　号 ISBN 978-7-5550-1501-7

定　　价 32.00元

前　言

三毛，原名陈懋平，后改名为陈平，1943 年 3 月 26 日出生于重庆，祖籍浙江省定海县（今舟山市定海区），1991 年 1 月 4 日去世。

三毛自幼便与他人不同。在其他小朋友玩耍嬉戏的年纪，她却选择了静默和思考，常常一个人在寂寞悲凉的坟场一坐就是一整天，她还喜欢看宰羊的过程，目睹生命的消逝……

少女时期的三毛和其他女孩没什么不同，也有青春的萌动，也有爱意的萌生。只可惜在那个年代，偏执而任性的三毛得不到老师的理解。她被老师当众羞辱，开始厌学、逃学，甚至选择了自杀，几经波折，三毛最终辍学。

直到有一天，一位名叫顾福生的油画老师走进她的世界，打开了她的心扉，使她找到了自己身上的闪光点，渐渐从自卑的深渊中清醒过来。后来，她鼓起勇气再次走进校园，结识了校园里的“天之骄子”梁光明，初次尝到了纯真的爱情滋味。

可惜校园爱情终究是抵不过现实生活的阻拦，三毛在失恋的伤痛中只身远赴西班牙，从此开始了游历异国的生活……神秘的东方女子从来不乏追慕者，可奈何一段段遇见都只不过是情深缘浅，熙熙攘攘间，这颗飘摇的灵魂终究还是一个人。

选择荷西是她未曾想到的，但也正是因为荷西，唤醒了沉睡在三毛心底的那颗自由的种子，她毅然奔赴撒哈拉，去寻找自己的前世乡愁。就这样，在烈日炎炎、条件极其艰苦的沙漠，她开始了长达六年的传奇生活。尽管生活平淡，但由于挚爱不离不弃的陪伴，三毛那颗流浪的心仿佛找到了栖息之所……

只是，谁曾想三毛又一次被现实打败。沙漠战争四起，三毛被迫和荷西远赴他乡。后来，荷西在一次潜水的过程中意外丧命，这给了三毛致命一击。她几欲寻死，却在家人和朋友的劝说下打消了念头，转而投身万水千山的跋涉。荷西死后的第 12 年，48 岁的三毛在医院里自缢身亡，一代才女香消玉殒。

三毛是个拥有不羁灵魂的奇女子，她那传奇的一生如同梵・高的向日葵，热烈而光艳。她一生走遍天涯，却将最美好的记忆留在了环境恶劣的撒哈拉。她在异域之中体会着爱与自由，写下了无数让国人为之惊叹的美丽文字。

目　录

第一章　灰暗的幼年时期：孤傲红梅迎雪开

第二章　少女情怀：倔强蔷薇灵魂不凋

第三章　绘画之旅：绚丽人生路

第四章 锦瑟年华：在最美好的时光遇到你

第五章 花蝴蝶戏游人间：物质与自由间的徘徊

第六章　六年后的重逢：相伴经年的挚爱

第七章　行走于荒漠：来自撒哈拉遥远的呼唤

第八章 诀别撒哈拉：几经辗转，重归故里

第九章　天人相隔：再见了，我的爱人，荷西

第十章　阡陌一梦：丢了灵魂的人终是落红成泥

第一章

灰暗的幼年时期：
孤傲红梅迎雪开

坟场中的倩影

1943 年 3 月 26 日，一个名叫陈懋平的女孩出生在重庆黄角桠，她就是众所周知的女作家——三毛。

陈嗣庆是三毛的父亲，浙江定海岱山岛小沙乡人，毕业于苏州东吴大学法律系，后来在上海教书。三毛的母亲缪进兰也是上海人，高中毕业没多久便与同是信奉基督教的陈嗣庆结婚了。缪进兰曾经是小学教师，后来辞职在家照顾丈夫和孩子。高中时期的缪进兰曾参加过学校抗日救亡协会组织的救亡活动，同时还是学校里的活跃分子、篮球队员。抗战期间，陈嗣庆和大哥陈汉青一家来到了重庆，他们仍然从事法律方面的工作。

虽然那是一个战争年代，但丝毫没有影响幼小生命对这个世界的好奇。那一天，陈家的庭院之中呈现出了淡红色的曙光，祝福之声飞过空旷之地，飞向这个小生命。

饱受颠沛流离之苦的陈嗣庆，对于女儿的到来给予了知识分子与基督徒的思想，于是他给女儿取名陈懋平。“懋”是家谱上的辈分排字，“平”是和平和平安的意思，也是文人无力改变时事的懦弱表现。他每天祈祷早日迎来和平，又在孩子身上赋予了和平的使命，只期望全家人可以平平安安地度过一生。这个孩子就是三毛。三毛出生一年半后，日本政府正式签署了投降书。

三毛小时候非常聪慧，学会说话、走路、看书、写字的时间都早于其他孩子。她从三岁就开始学习写自己的名字，可总也写不好“懋”字，于是常常跳过“懋”字直接写“平”字，陈嗣庆见此情景，只好给女儿改名为“陈平”，这是三毛的第二个名字，也是她的第一个笔名。可见，三毛固执的性格在三岁的时候就显现了一回。

但儿时的三毛，眼中常常透射出凌厉和冷淡，少了几分同龄孩子该有的天真，多了几分静默出神的思考。和其他孩子不同，三毛喜欢在其他小孩子感到恐惧的邻近的坟场玩耍，那里的孤寂荒凉让她看起来更沉静。一个瘦弱的姑娘趴在坟头玩泥巴，还玩得起劲儿，怎能不让见了此情此景的人不寒而栗？可她自己却乐在其中，对周围的阴森之气全然无感。一个个孤寂的坟头似乎成了她的玩伴，她从不害怕，也不会把它们和灵魂、鬼魂什么的扯在一起，在她看来，它们不过是失去了生命被装到小方盒子里的人，它们是自由的，是可以在各处飘荡的。

虔诚的基督教信徒

三毛很喜欢看宰羊的过程，她会仔仔细细地看完整个过程，不肯放过任何一个细节，但她的脸颊上却看不出任何异样的表情。可一个小女孩儿不仅如痴如醉地欣赏着屠宰的过程，而且在看完之后，她的脸上还会露出满意的表情，发出满足的笑声，这让周围的大人为之一惊！

其实，三毛只是在殷红的血水之中看到了生命的悲剧，那种专注是对垂死挣扎着的生命的悲悯，使她静静体会着生与死。也正是她对于生与死的执着和对灵魂的体悟，成就了她的文学。三毛注定是个与众不同的人，因为她那双眼睛看到的并不是风景，而是灵魂，即便灵魂不能被俗世之人洞察。

三毛的父母都信奉耶稣，三毛更虔诚一些，她敢于去体会生死，将自己放归于大自然之中，放浪形骸。生命不过是秒秒分分、日日年年的积累，每一天都是一个静默的轮回。三毛的孤独感与生俱来，即使她衣食无忧、物质丰厚，从未受到过冷落，可她仍然感觉到孤独。她讨厌很多人，时常拒绝别人的好意，可又需要被关爱，还常常独自在角落里伤心，没有人知道她究竟在想什么。

有一次，全家人在一起吃饭，突然听到激烈的打水声，而当时三毛刚好不在餐桌旁。等到一群人冲到水缸边的时候，却发现三毛正头朝下埋在水里，脚伸在外面拼命打水。那个水缸还是比较深的，可三毛居然双手撑住缸底，好让自己高点，这样才可以打到水面出声。等到家里人将三毛从水缸里提出来的时候，她不哭不闹，却淡淡地说了一句“感谢耶稣基督”，之后吐出一口水。

唯一能让三毛觉得值得信任的人就是耶稣，她将自己的心献给了耶稣，只希望自己不会孤独。

到了南京之后，家庭的安逸富足并没有让三毛的性格变得开朗一些。她经常拿着竹竿，想象着自己是个魔法师，可以骑着扫把到处飞，或者将自己想象成可以绕着房前屋后骑大马的侠客……她对一切都充满了好奇，好奇周围的风景，好奇世间百态……

三毛一家和大伯他们住在一起，这里有堂兄、堂姐、弟弟、妹妹，不过堂兄、堂姐们多已就读于金陵中学，年长三毛三岁的亲姐陈田心也进了学校，只有三毛由于年龄太小而独自在家中玩耍。其实当时三毛还有一个弟弟陈圣，只不过她经常会无视这个弟弟，因为她一个人也能玩得很快乐，根本不愿腾出多余的精力去关注那个爱哭鼻子的小鬼。

三毛平时除了和自家兄弟姐妹一起玩耍，还和佣人兰瑛的孩子“马蹄子”一起玩。兰瑛本是个逃荒者，三毛家原本不需要那么多的佣人，但是由于兰瑛和三毛家看大门的老仆人是亲戚，所以三毛家就收留了她和她的儿子马蹄子。

三毛不怎么喜欢那个叫马蹄子的男孩，因为马蹄子是个癞痢头，头上经常环绕着苍蝇。三毛很爱干净，见不得不干净的东西。对于当时不无自闭的三毛来说，眼里更是容不下这种不正常的现象了。

后来三毛去幼稚园上学，她就很少在家里玩耍了。三毛个性纯真，她的世界里容不得半点虚假。她一直都知道自己要的是什么，求的是什么，也一直跟着自己的心向前走着。

迁徙中国台湾

一天，三毛正和小伙伴们在玩耍，父亲从外面回到家中，突然慌忙地收拾起家中的细软，准备将其换成一大沓的金圆券，由于通货膨胀，这一大沓的钱已经没有多大的购买力了，小小的三毛只知道它是用来换马头牌冰棒的东西，所以非常开心。可她却看到老泪纵横的仆人，口中念叨着逃到中国台湾去……

全家人乘着一艘叫“中兴轮”的船前往中国台湾。三毛的母亲严重晕船，一路呕吐，三毛看在眼里，深深地厌倦了这种居无定所的日子，内心之中非常痛恨眼前的时局。

三毛的父亲、伯父把家安在台北朱厝仑的一幢日式房子里，由于金圆券严重贬值，大人们不能立刻开业做律师。可两房一共有 8 个孩子需要抚养，当时的拮据可想而知。

孩子们自然不用为这些事情发愁，在他们的世界里，只有对新鲜事物的好奇心，而没有居无定所的忧愁。当三毛和自己的哥哥姐姐们踏入日式房子的时候，就立刻对室内的榻榻米产生了浓厚的兴趣。他们争相脱下鞋袜，在榻榻米上开心地蹦着、跳着，早就忘记了旅途的劳顿。孩子们玩得忘乎所以，高呼“解放了，解放了”。在当时，“解放了”是敏感字眼，大人们听到孩子们的呼喊，赶忙跑过来制止了他们。

其实，三毛一开始除了对榻榻米有点兴趣，对中国台湾的其他东西并不感兴趣。因为在台北的家很荒凉，周边既没有商铺，也不见车水马龙，就像是生活在人烟稀少的封闭世界里。三毛开始回忆在南京的生活，一时间，曾经的小伙伴癞痢头突然变得可爱起来，没能搬来的童话书籍也承载着深深的思念之情。还好，三毛不羁的灵魂想带她回到什么时候就回到什么时候，因此三毛说："童年，只有在回忆中显现时，才成就了那份完美。"

三毛开始靠看雨来打发时间，她经常坐在屋檐下静静地看着雨水淅沥沥地落下。台北的绵绵细雨下个不停，空气中弥漫着让人难以捉摸的神秘气息，三毛很喜欢亲近大自然，感悟雨水带来的平静与欢喜，在没人注意的时候，她还会伸出舌头品尝一下这无根之水的甘甜。

六岁那年，母亲就决定让三毛去学校读书。她虽然年纪不大，却有着不错的文笔，经常受到老师的表扬，所写的文章还常常被当成范文在班上朗诵。渴望引起别人注意的心愿得以实现，她的自信也在表扬声中逐渐建立起来。

在学堂的那段经历满足了三毛渴望被重视的内心，尽管在别人的眼中她仍然是个怪胎，却也被界定为非常有才华的古怪少女。三毛自己十分喜欢这样的说法，因为她觉得那是自己受到肯定的结果。

慢慢地，三毛开始喜欢这片土地，尽管它荒凉而沧桑。

欣赏书中烟火的小姑娘

三毛在三岁左右，看了漫画家张乐平所著的《三毛从军记》。小小的三毛虽然不能看出书中的深层意思，但却可以从浅的地方去看它，书中的小“三毛”让她时而是笑，时而是叹息。

渐渐地，三毛对书的热衷程度越来越高，她在书海之中尽情遨游，学会如何让生命更美丽地存在下去，以自己最真实、坦诚的一面存活于美丽的人间。

入学之前，三毛就已认识了很多字。还在小学里念拼音的时候，她就已经开始看日报了。当时她最大的乐趣就是看《学友》和《东方少年》两本杂志。遇到不懂的地方，她就让姐姐教她。

在学习方面，三毛早已是同学中的佼佼者。当时语文课本刚刚发下，她不到两天的工夫就把课本全部读完了，还能帮老师给其他同学答疑解惑。老师也非常认可三毛，觉得她是个值得培养的有天赋的孩子。

老师的表扬让三毛如同上了发条一样，三毛用自己的闲暇时光阅读各种各样的书籍，她对书的沉迷已远远超过了同龄的孩子。那时候的她，每天开心地背着书包上学，学校里承载着她的自信，如同七彩斑斓的缤纷世界。家里的藏书已经被三毛读得差不多了，发的语文课本她也只用了两三天就看完了。于是，她开始等待姐姐订购的《学友》和《东方少年》杂志。因为姐姐要看完之后，才会给三毛看。三毛遇到看不懂的地方，就会去问姐姐，时间久了，她竟然都学得差不多了，便很少再去问姐姐。

三毛非常爱惜自己的书籍，每次拿到新书之后，三毛都会央求妈妈给新书包书皮，而她就一动不动地坐在旁边静静地看着。那些书被母亲小心翼翼地包裹在正棱形的盒角中，仿佛散发出七彩光芒，吸引着三毛。

阅读能力得到提高之后，三毛开始向堂哥、堂姐、表姐妹们借书看。一开始，二堂哥对于三毛的举动很是不屑，觉得她根本就看不懂，所以要求她看完之后讲述一下自己对文章的理解。一次，三毛找二堂哥借了一本叫《风筝》的书，是鲁迅的作品。三毛看完之后非常感动，她对二堂哥说，这个主人翁的玩耍天性都被他大哥毁了，原本的质朴没有了，只剩下阴影，这个主人翁的一生都被毁了。二堂哥听到三毛的观点后很是吃惊，没想到自己的小妹，小小年纪居然有如此悟性。从那之后，二堂哥再也不阻止三毛来借书了。

看到书的时候，三毛会欢喜得不得了，一整天把自己关在屋子里贪婪地阅读着。当时三毛一家人已经搬到新家，长春路附近有家租书店，店老板很是友好，经常向三毛推荐一些雅俗共赏的书。于是三毛只要一回到家，就会翻开母亲的零钱包，拿出一角钱飞奔到书店——租书看。

三毛读的第一本中国小说是武侠系列的《风萧萧》，说来也有缘，作者徐訏竟在二十年后成了三毛的干爹。三毛一生中认了两个“干爹”——张乐平、徐訏，而和他们之间的缘分都是来自书。

到了三年级，三毛换了语文老师，原先那个经常夸赞她的语文老师去了其他班级。新来的语文老师不怎么喜欢三毛，因为三毛常常跟老师说课本里讲的东西太浅薄无趣，老师教的东西没有收获，学校糊弄人之类的话，这让老师觉得三毛这个孩子有些骄傲，因此对三毛不怎么友好。

可一个孩子哪懂得这些人情世故，只是充分展现着自己的纯真和骄傲，根本不懂得如何取舍。更何况当时的三毛终日沉浸在书海之中，丝毫察觉不到这些。因为对书的痴迷，三毛忽视了自己周围的风景，对周围的事物表现得很是冷淡，这让身为父亲的陈嗣庆有些担心。他一直在想，女儿到底为什么会变成这样？看到女儿常常将自己关在房间内，掩上门窗，小小的身躯沉浸在与世隔绝的世界里，这使他更加担忧起来。

三毛读小学五年级的时候，意外得到了一本《红楼梦》。《红楼梦》对三毛的吸引力是非常强的，即使在上课的时候，她也偷偷地读。

上课时，三毛就将书藏到裙子下面，利用老师一转身的瞬间，她就会掀起自己的裙子读起来。一天，三毛在课堂上看完第一百二十回的时候，她好像看到了那个茫茫雪地中的宝玉的决绝之痛，不禁泪流满面。雪花被寒风吹散，飘落到地上、空气中，就好像她亲眼看到了宝玉的悲喜和对世事的淡漠，她似乎感受到了宝玉那空空如也的心，此刻那里面什么都没有，如同空了一般。一瞬间，三毛感觉自己的心也空了，空得想要逃入苍茫，去个没有人烟和喧闹的地方，孤寂地独自生存。老师看到三毛愣在那里，以为她是受了什么刺激，不敢责骂她，上前摸了摸她的额头，轻声问她是不是哪里不舒服。

这一次对于贾宝玉情感的领悟，使三毛如同初尝雨露的花朵，“啪”地一下绽开之后就不肯再次闭合。

难挨的“偷钱”时间

对于偷钱这件事，很多人都经历过。三毛在朋友们口中得知，他们在少年时偷钱大半是请班里的同学吃好吃的东西，然后迅速将钱花光，回家接受惩罚；只有一个朋友偷了钱之后从台南坐火车独自去台北流浪了两天，把钱花光之后就回家了，而他也是众多偷钱的朋友中所受的惩罚最轻的一个，因为家长看到“失而复得”的儿子，根本就舍不得打下手了。

那年，三毛已经读小学三年级，她从来都没碰过钱，除了过年时的压岁钱。当然了，这个压岁钱也不是用来花的，而是放在枕头下面压着睡觉过年的。过完年之后，三毛还要把压岁钱再交还给父母，把数目记在本子上。大人说会将这些钱存起来，用作孩子将来的教育经费。

一个星期天，三毛走到母亲的睡房之中，看到五斗柜上面躺着一沓红票子——五元钱。那个时候，一个中学教师每个月的薪水是一百二十元钱，五元钱差不多等同于现在的五百块，可以买很多条彩色橡皮筋，很多《红楼梦》中的小姐或丫鬟的画片，还能贴一个大玻璃窗的糖纸，可以不用再苦写练习簿，就能实现一个孩子全部的梦想。

看着静静躺在那里的红票子，三毛的呼吸有些急促，她紧张地握着小拳头，眼光始终无法离开它。等到再有知觉的时候，三毛已经站在花园的桂花树下，那张票子也已落在她自己的口袋里。她不敢回房间，也没敢去买东西，更不和任何人说话，只是不动声色地蹲在院子里玩泥巴。直到母亲喊她吃中午饭的时候，她才勉强上桌，只喝了口汤，就听到母亲疑惑地说："怎么刚才放在这儿的五元钱找不到了？"姐姐和弟弟乖乖地坐在那里吃饭，没有说话，三毛却说："是不是你忘记放在哪里了？"母亲摇了摇头，和父亲的目光接触的那一刹那，三毛不自觉地咽下了一口滚烫的汤，喉咙间顿觉火辣，烫得脸都红了。

星期天，孩子们要被强迫午睡，三毛虽然不想睡觉，但是也没有出去的理由，况且就算买了那些"宝贝"，她也没法拿回来，因为晚上还要当着父母的面整理书包。到了晚上，三毛被母亲捉上了床，母亲不许三毛穿着长裤睡觉，非要将三毛的裤子脱下来。当母亲的手触碰到长裤口袋时，三毛的脸又一次涨得通红，挣扎着翻了个身，口中喊着头痛，不肯再让母亲碰自己。那个样子确实好像在发烧，口袋里的五元钱如同热炭一般烫着三毛的腿。

于是，母亲和父亲低声商量着要不要带三毛去看医生，父亲拿出一支温度计在甩，三毛再度闭上眼睛装睡，姿势是半斜着，双手紧压着长裤口袋……

夏季的午后，小孩子睡醒之后就会坐到大树下的小桌子旁边，每个人面前摆着一碗绿豆汤。姐姐和往常一样捧着《西游记》给三毛和弟弟讲故事，姐姐念上一小段就会说："多念要收钱，一小段不要钱。"她收一毛钱讲一回，三毛和弟弟没有钱，她就真的不多讲了。一次，弟弟很大方地给了她两毛钱，孙悟空就变了许多次，而且去了火焰山。平时大弟是肯定不给的，那样的话三毛也没得听了。

那天姐姐说《西游记》已经没什么意思了，她可以讲言情小说，三毛和弟弟就问她什么是“言情”，她说《红楼梦》讲的就是“言情”，不过讲《红楼梦》仍然会收钱。

三毛的手轻轻摸过裤子口袋里那张五元钱，已经临近黄昏，那张钱还是没有用掉。要是到了晚上换睡衣的时候，妈妈一定会翻睡衣口袋，那张钞票就会暴露在外。那放书包里呢?也不行，父亲会等孩子们入睡之后再去检查书包。鞋里也不能藏，早晨穿鞋的时候，母亲会在旁边看着。抽屉里更不能藏，大弟会翻抽屉。可除了这些地方，再没有别的选择了，属于孩子的角落终究太少了。

既然姐姐的故事仍然要收钱，还不如把钱给她，自己既花掉了钱，也不必再为把钱放到哪儿而发愁。于是三毛问姐姐能不能找钱，姐姐问她是多少钱，三毛就说是一元钱，让她找自己九毛钱，就可以继续讲“言情”了。姐姐疑惑地看着三毛，问道：“你哪来的一元钱?”三毛的脸瞬间红了起来，支支吾吾地说不出话来。因为那是一张五元钱，拿出来肯定会露馅的。

当晚，三毛仍然被拉着去看了医生，母亲对医生说了三毛的症状：脸一整天都通红、烦躁、不愿意讲话、吃不下东西，可能是感冒了。医生看不出三毛生了病，也没发烧，大概休息一晚上就好了。回来后，三毛被母亲拉着去洗澡，她不肯脱衣服，小声地哭了起来，满脸通红。哭了一会儿之后，工人玉珍便蹲着帮她洗腿，而三毛仍穿着裤子，那五元钱也仍藏在口袋里，三毛这才安下心来。

三毛换了睡衣，把钱紧紧地攥在拳头里，躲在浴室中不肯出来。大弟几次敲浴室的门，三毛都不肯开。等到孩子们上床睡觉之后，三毛才光着脚快速地跑到了母亲的睡房之中，把钱攥成一团，丢在了五斗柜和墙壁的夹缝之中，这才逃回自己的床上。然而，很多梦想由于自己的胆小而没能实现，三毛的心里很不是滋味。第二天吃早餐的时候，三毛询问母亲是否找到钱，母亲并没有回答，而是递给三毛一个清水煮蛋。三毛吃完饭后背着书包，忍不住走到母亲房间里打了个转，出来之后便喊道："妈妈，你的钱掉到夹缝里面了。"母亲急忙搬开五斗柜，捡起地上的钱，说了句"找到了就好"，就离开了。

父亲的目光轻轻地掠了三毛一眼，三毛顿时觉得自己的脸有些发烫，于是匆忙跑出门去，连再见都忘了说。就这样，偷钱的事情终于告一段落。

但是自从那次之后，父母突然管起姐弟三人的零用钱起来。每个孩子每个月可以拿到一元的零用钱，自己自由支配，用完之后可以商量预支下个月的，预支满两个月之后就只能忍着了。从那之后的第二个星期，父亲给三毛买了盒德国进口糖果，三毛十分开心，迅速将糖果剥出来放到一边，把糖纸泡在脸盆中洗净，然后将它们一张一张贴在玻璃窗上晾干。那是三毛最快活、悠闲的一个下午。

多年以后，当三毛再跟母亲提起偷钱的事时，母亲只是笑着说自己已经不记得了，还反过来问三毛："后来怎么不偷了？"三毛想了想，说偷钱的滋味很难挨。说着说着，她发现姐姐和弟弟都在笑，原来大家都偷过钱，而且都经历过那种难挨的感觉，三毛也就会心一笑了。

捡东西的小儿

三毛缺少同龄小朋友的活泼开朗，反而有些许不合年龄的忧郁。走路的时候，三毛常常低着头，似乎在寻找着什么东西，其实，三毛只是不想去看来来往往的人，因为如果遇到的是熟人，不上前去打声招呼，这要是传到父亲的耳朵里，肯定会挨批评的。

低头的时间久了，三毛发现了另一番奇异风景，那就是路上的零碎，也就是别人眼中的垃圾。别人丢弃的各种垃圾被低头走路的三毛捡到了，她如获至宝一般。有时会捡到一颗五彩弹珠，三毛会将其想象成开启魔法城堡的钥匙；有时捡到一枚泛着清冷青光的贝壳，用手轻轻抚摸，似乎能听到时光的声音，感悟那被遗弃的爱；有时捡到一把梳子，断裂的梳齿上残留着陌生人的发丝，想到梳子的主人可能已经故去，三毛就会非常伤心。

散落在地上的垃圾在旁人眼中就只是垃圾，三毛捡它们不仅仅是为了好玩，更是一种同病相怜。那些垃圾有的尚有存在的价值，不过却并不被世人所欣赏，三毛对它们十分怜爱，将其捡起，在心内自怜，希望也有人可以这样疼爱自己。

三毛觉得，仅仅是自己一个人去捡垃圾还不行，她还要将这个美好的爱好告诉给全世界的人，让大家和她一起分享那份喜悦。于是，她在自己的作文中写到：希望自己长大后能做一个拾荒者，不但可以走遍大街小巷，还可以变废为宝，造福人类。可见，三毛的童心稚嫩而透明，没有被世俗、戒律所教化，仍然存在着对自由的向往。

然而，三毛的这个想法却遭到了老师的反对，甚至被老师狠狠地批评。最后在老师的坚持下，三毛将自己的作文进行了修改，改成“长大以后做一名救死扶伤的医生”的愿望。

三毛就是三毛，她并不是个普通的女孩，她只是在纸上修改了自己的愿望，却还是坚持每天捡垃圾，只不过她捡垃圾的“品位”越来越高，改造事物的技术也越来越精细，尤其是木制品，甚至一度成为她的偏爱。

三毛非常爱惜自己捡来的东西，特别是那些经过她改造之后焕然一新的东西。每次离开家之前，她都会嘱咐父母，如果搬家，请善待她的这些“宝物”，千万不能弄丢了。她还专门出过一本用来展示这些“收藏品”的册子，像是一本精美的画册，如果不告诉对方是捡来的，恐怕很难看出来。

这个习惯陪伴了三毛一生，直到后来荷西出现，陪她一起拾荒，用拾荒的物品装饰他们在撒哈拉的那个家，简简单单，却别具一格。

妈妈的同学会

三毛家里没有信箱，一般都是通过竹子编的篱笆洞传递信件。邮件到了，邮递员就会大声喊：“有信呀！”家里就会有人跑出去接信。

到了光复节这天，三毛没有去补习，因为学校让小学生去游行，上午的时候就在街上喊口号、唱歌，然后就回了家。当邮差先生把信交给缪进兰的时候，她看了很久，之后望着窗户发呆，脸上神情十分遥远，就好像不再是平常那个洗衣、煮饭的妈妈了。

到了晚上，三毛和哥哥、姐姐们睡在榻榻米上，听见妈妈和父亲说要在十天后的一个下午去参加同学会，两个大的一起带去，毛毛（三毛的弟弟陈杰，当时只有两岁多）留在家中由父亲照看。

妈妈收到同学会的通知单之后，好像比以前快活多了，话也多了起来，而且翻出几张珍藏的照片给几个小孩子看，指着一群穿短襟白上衣、黑褶裙子的中古女人装扮的同学，告诉孩子们哪个是十八岁时的她。

其中有张小照，三个女子坐在高水塔上，妈妈的裙子被风卷起一角，头发朝着同一个方向飘扬。看着那张泛黄的照片和如今在地上爬着、在啃鞋子的弟弟，三毛的心里突然升起一阵混乱，匆忙地跑开了。

自从妈妈说要去参加同学会之后，三毛夜晚补习回家都能看到妈妈在榻榻米上哄弟弟，之后用报纸比着三毛和姐姐的制服开始剪裁。有的时候妈妈还叫她俩到自己面前站好，用报纸比在身上看来看去。原来妈妈是要给她们姐妹做新衣服，姐妹俩都非常开心。自从上小学之后，三毛和姐姐每天都穿制服，有一件灰蓝条子的毛线背心永远都是姐姐在穿，等到姐姐不穿了，才轮到三毛穿，三毛穿不了再给大弟穿。

一天深夜，三毛放学回家，发现妈妈正在给她做一件新衣裳。可三毛看到是白色的布料，很不开心，眼里含着泪水。妈妈就像是做错了事般低头不语，因为她知道三毛想要一件粉蓝色的衣服。第二天放学回家后，那件白色的衣裙已经缝制好了，裙子上多了圈紫色荷叶边，三毛不肯穿上那件衣服。姐姐的衣服和三毛的是一模一样的，她开心地把衣服穿在身上，不断地拿着小镜子上下打量，其实也还不错。可三毛就是不肯试穿。

姐姐语重心长地对三毛说，妈妈的同学都嫁给了有钱人，那天去参加同学会，小孩子都可以吃到冰淇淋。在那之前，三毛虽然吃过冰棒、仙草冰、爱玉冰，但是从未吃到过真正的冰淇淋。妈妈的同学会定在一个星期天的午后，她有个同学的先生是国家机关的主管，借来一辆军用大车，母女三人先到爱国西路一个同学家集合，之后乘那辆大汽车一起到碧潭。

妈妈说，自从结婚之后几经辗转，很多同学都失散了十几年，因此她很期待这次同学聚会。同学会的那个清晨，三毛起了个大早，趁着大人在煮稀饭的时候试穿了那件不怎么中意的新衣服。妈妈看到三毛不打算上学，立刻走上前脱下那件衣服，逼着三毛换上制服去上学。姐姐陪着三毛走到学校门口，告诉她下午两点肯定会来接她。就这样，三毛一直等到两点钟，上课铃声又响了好一会儿，才看到妈妈和姐姐朝着教室走来。

三毛被妈妈带到传达室去换衣服，制服被一个叫老周的三轮车夫接了过去，放在坐垫下面的凹槽处。妈妈给三毛梳了头发，在短发上面扎了圈淡紫色丝带，拿出平时不穿的白皮鞋和新袜子给她换上。

妈妈穿的是一件暗紫色旗袍，白高跟鞋，前面开着露趾小洞，身上散发着陌生的香味，三毛猜那是“夜巴黎”香水，总之，妈妈今天很不同。妈妈领着姐妹俩挤上了三轮车，雨篷拉上了，妈妈担心雨水会淋湿三毛的膝盖，一直用手顶着那块黑漆漆的油布。从舒兰街到爱国西路是一段不短的路程。妈妈和姐姐的身上放着两个大锅，一锅是红烧肉，一锅是罗宋汤，是妈妈特意做的，带去给同学们吃的。前天夜里，为做这两道菜，妈妈忙碌到深夜。

雨越下越大，老周浑身都湿透了，仍然弯着身体半蹲着踩车，妈妈不时将雨篷拉开，朝老周道歉，并急着看表。姐姐很专心地守护着自己怀里的汤锅，当她发现大锅里面的汤浸到外面包扎的白布上时，急得差点哭出声来。

雨仍然下着，好不容易看到了一排排樟树，妈妈手里捏着一个地址，拉开雨篷跟老周叫来喊去。三毛眼尖，看到路的尽头有一辆“圆圆胖胖”的草绿色大军车，有很多大人和小孩撑着伞纷纷上车。“在那边——”三毛朝着老周喊过去，老周立刻朝着那辆车冲了过去，可是那辆汽车竟然缓缓开走了。妈妈“哗”地一下子将全部挡雨的油布都拉掉了，双眼直直地望着那辆车子，它就这么缓缓地开走了，三毛让老周赶紧去追，老周便狂冲起来。

雨水就这么从天空直接倾倒在母女三人的身上，突然，妈妈发疯似的在雨水中大叫起来：“魏东玉——严明霞、胡慧杰呀——等等我——是进兰——缪进兰呀——等等呀——等等呀……”除了妈妈，老周和姐姐也狂喊起来，他们就这么叫着、追着，三毛没有叫，紧紧拉着落到膝盖下面的那块油布，雨水中，妈妈的狂喊声让三毛感到害怕，她被吓得快要哭出来了，她在想，妈妈是不是疯了……

车子最终还是消失了，妈妈颓然倒在了三轮车背上。老周问妈妈是不是要回家，妈妈只是“嗯”了一声，再没有说任何话。途中，妈妈打开皮包，拿出手绢给三毛和姐姐擦脸，却忘记了自己脸上的雨水。到家之后，妈妈拿出煤球烧洗澡水，等水滚热的时候，妈妈拿出干制服递给三毛和姐姐，三毛看到，此时的妈妈也已经换上了居家衣服，抱着小弟冲奶去了。

三毛把湿衣服丢进盆子里，却发现那圈荷叶边的深紫竟然在褪色，从那之后，三毛再也没穿过那件衣服。多年以后，当三毛再问起有关那场同学会的事情时，妈妈却摇着头说自己没有印象了。

哑巴朋友

孤独的人不会轻易交朋友，所以，一旦成为她的朋友，就会被她格外珍惜。儿时的三毛，性格异于常人，所以没什么朋友，仅有少数几个在普通人眼中有些怪异的人成了她的好朋友，比如哑巴、巫师、酒鬼等。这些人走在大街上，行人唯恐避之不及，可三毛却对他们真心以待，视他们为知己朋友。

三毛读小学四年级的时候，交了人生中的第一个好朋友，可她却辜负了自己的这个好朋友。多年以后，三毛每每回忆起这件事的时候都后悔不及。那年秋天，军队借学校地盘驻军，有个哑巴做炊事兵，却和三毛成了忘年之交。

一天，三毛正在做值日，要绕过操场打开水，却不知道从什么地方跑出一头疯牛，眼睛血红，四处咆哮，在操场上疯狂地转圈。眼看着疯牛朝着三毛顶了过来，三毛吓得将手里的那壶滚烫的开水扔到了地上，玩命地跑开了，甚至顾不上皮肤被热水溅起的水花烫到的刺痛。她被那头牛追得绕着操场跑圈，眼角的余光一直扫视着各个教室，希望可以跑去哪个教室躲一躲。可让她失望的是，所有教室的门都紧闭着，孩子们惊恐地躲在窗户后面，看着一头牛追着一个受惊的女孩在操场上来回奔跑。

一时间，三毛产生了一种被抛弃的感觉。她用尽全身的力气向前奔跑，好不容易跑到一个角落之中，甩掉了疯牛，整个人瘫坐在地上如同一摊烂泥，浑身颤抖，就像一只受了伤的小动物。她这才发现自己的一只鞋已经跑丢了，她光着一只脚，忍不住哭了起来。没过多久，那只被她扔掉的水壶和跑丢的鞋子又重新出现在她的面前，被一只粗糙的大手拎着。三毛抬头看去，一张布满沧桑的脸真诚地朝着她微笑。三毛认出了眼前的这个人，他是一个哑巴，是驻军里的炊事兵，是个善良的人。哑巴笨拙地将三毛脸上的泪水拭去，她感激地看着哑巴，哑巴也微笑地看着她。

由于哑巴不会说话，所以他常常被军营里的人嘲弄，就这么孤单地活着，三毛和他从未见过面的孩子的年纪相仿，两个孤独另类的人就这么成了好朋友。在三毛的心里，哑巴是这个世界上最好的人，从那之后，只要她碰到哑巴，都会高兴地和他说说话，哑巴也会用手比画着回应，陪她玩耍，这一大一小相处得十分融洽。

三毛后来得知，哑巴原本不哑。他是个四川人，他在老婆快要生孩子的时候到街上买药，但正值战乱年代，他在买药的途中被强行抓去做壮丁，再也没有回去过，也就再没见过自己的老婆和孩子。看到三毛和自己的孩子同龄，哑巴的心中便多了几分亲近。可三毛和哑巴的真挚友情却遭到了老师的反对，老师怀疑哑巴图谋不轨，禁止三毛再和他接触。三毛心中虽然困惑，却也开始刻意疏远哑巴了，有时候她上课时，隔着窗户就可以看到哑巴正朝着这边张望，三毛的心里很是难过。

没过多久，驻军就要离开了，哑巴来到教室门口和三毛道别，三毛咬着牙冲出教室，和哑巴见上了最后一面。哑巴将自己最珍贵的戒指送给三毛，又拿出一包牛肉干送给她，留下了自己的通讯地址。接过这些东西后，三毛就像做了什么亏心事似的一溜烟跑开了，可刚巧被老师撞到，她恶狠狠地将牛肉干扔得老远，撕掉了哑巴写下的通讯地址。

当三毛多年后再次回忆起哑巴时，内心仍然感到非常愧疚，这是她人生中的第一个好朋友，她却辜负了这段友情。

渴望二十岁

从小学四年级以后，三毛常常在五点半的黑暗中挣扎着起床。冬日清晨的雨地里，一个个背着大书包，穿着黑色外套和裙子的身影微微驼着背，他们都随身带着一个装了两个便当和一个水壶的大袋子，一把黑色小伞遮挡着风雨，穿着湿漉漉的球鞋走在泥水地里。

清晨六点一刻，三毛就已经坐在教室里早读，一直到深夜十一点的时候才能离开学校。回家之后喝杯牛奶，在饭桌前做一百道算术题，做完之后躺在床上，刚闭上眼睛就到了第二天清晨。这是面对初中联考前两年的日子，真的很难挨。

高年级的学生一切都以学业为主，早晨的教室里，老师检查昨天晚上补习同学犯的错，班上以一百分为准，考八十六分的同学要挨十四下竹教鞭。打的时候，衣袖要自动卷起，红色的横血印在手臂上就是日常生活的点缀。

是否被抽要视老师当天的心情和体力而定，有的时候老师不想用鞭子就会坐下来，被喊到名字的人要跑到她跟前，让她用力捏眼皮，捏到眼睛红肿。老师体力充沛时会叫全班原位坐着，随后她走下讲台，很用力地把两个并坐的同学的头拼命撞在一起，即使两个孩子都被撞得眼冒金星、耳鸣，可老师仍然不肯罢休。老师生气的时候会想办法惩罚他们，所以三毛对上学既惧怕又厌恶。

有时候，三毛中午快速吃完便当就跑到学校角落里的大树上去坐着，没什么人会注意那棵树，三毛可以踩着粗枝丫爬到树上，坐到树荫里，远远偷看老师的背影，看着她从办公室走向教室。老师经常穿着一种在小腿背后有条线的那种丝袜，她踩着高跟鞋走路的时候，美丽的线条跟着窄窄的线条旗袍晃动，这时，三毛就会从树上跳下来，朝着教室的方向跑去。

三毛根本不敢直视老师的目光，在她眼中，老师是一种分界——高跟鞋、窄裙、花衬衫、卷曲的头发、口红、项链……老师的口红和丝袜，让三毛一直渴望自己长大，希望摆脱眼前的“囚禁”生活。当时的三毛那么小，希望可以窥探一丝曙光，远离那个让她处在惊恐之中的女老师。

当时那个老师只有二十六岁，三毛一直认为忍到二十岁就算是很幸福了。上课的时候，三毛经常发呆，常常有个冥冥之中的声音在呼唤她“二十岁，二十岁，二十岁”。三毛忘记了自己还在上课，竟然忽视了老师的问题。突然，一个黑板擦从天而降，飞到三毛的脸颊之上，三毛捂着脸冲出教室，脸上都是白色的粉笔灰……

作文课上，三毛写下这样一段话：“想到二十岁是那么的遥远，我猜我是活不到穿丝袜的年纪就要死了，那么漫长的等待，是一个没有尽头的隧道，四周没有东西可以触摸而只是灰色雾气形成的隧道，而我一直踩空，没有地方可以着力，我走不到那个二十岁……”

老师大声念出了她的作文，还质疑她人品有问题，让她重新写。三毛被气哭了，老师永远也不懂她的心。每天晚上入睡之前，妈妈都会提醒孩子们去祷告，三毛却在期盼学校失火或老师断腿，这样就可以不用去上学了。可是她的祈祷并没有实现，无论她有多不愿意都必须去上学。

到了第二天，老师一如往常地来上早课，忘记了前一天错题的账。她有气无力地坐在讲堂上，让学生们自修、背地理。突然，老师问今天是谁最早到校？大家都指向三毛，老师便盯着三毛，问她那么早过来干什么，三毛怯懦地说被一只水牛一路追赶着没命地跑到学校……老师打断了三毛的话，问她有没有看到自己的日记，三毛摇了摇头。之后老师递给三毛一封淡蓝的信，让她送到后面六年甲班的李老师那儿。三毛偷看了那封信，信上写的都是日文，只有两个汉字“魔鬼”。看到自己的老师居然叫一个男老师魔鬼，三毛吓了一跳，匆忙折好信并迅速地朝着六年级的教室走去，她把信用双手交给李老师之后，就回到了自己的班级……

后来三毛才明白，老师在受恋爱的折磨，对于学生的体罚也不过是在缓解内心的煎熬。原来到了二十岁，不仅可以穿丝袜、抹口红，还有一些潜伏在体内的很抽象的东西，十一岁的三毛仍然不能想象那种感觉。三毛开始逐渐顺服于这种没有止境的背书默写和演算习题的日子，偶尔会想死，但是一想到自己即将长大，也就放弃了……

第二章

少女情怀：倔强蔷薇灵魂不凋

莫名的欣喜：第一次恋爱

一切又恢复了平静，三毛继续着枯燥的校园生活，她和其他人一样渴望朋友，于是她和班上的六位女同学成立了“同盟会”，号称“七姐妹”。七个女孩之间有谈不完的话题，包括异性、爱情以及懵懂的性。异性男孩早就被七个女孩数尽了，但身体的神秘却是她们永远不能结束的话题。幼小的女孩经常会说一些让人忍不住发笑的话语，比如和男生牵手就会怀孕、生小孩，和男生接吻就会死去等，七姐妹经常会瞪大眼睛、略带惊恐地听着这些和成长有关的话题。

那天的夜色很是不错，每个人的心中都有些许期待，七个男孩早就在电线杆后面等候七个女孩的到来了，男孩们在前面领路，女孩们则羞怯地跟在他们身后。进了电影院，男孩们和女孩们隔着中间一列遥遥相望，散场后非常无趣地回到了宿舍……

每个女孩在青春年少之时都曾暗恋过男孩，他们或聪明、或帅气、或木讷、或阳光，那味道如同青梅，淡淡甜味之中流露出浅浅的酸涩，那样的清新干净，如同初尝爱情的滋味。三毛少女时期也暗恋过一个男孩，她给对方取了个外号——“匪兵甲”，因为当时她就是那个“匪兵乙”。

三毛读四年级的时候，一场话剧点燃了懵懂少女的心。当时学校举行了欢送六年级学生毕业的同乐会，当晚的话剧戏剧性地让两位配角发生了倾诉，“匪兵乙”爱上了“匪兵甲”，而三毛就是当时的“匪兵乙”。这场戏剧之后，三毛突然发现自己的心充满了一种神秘而朦胧的喜悦。

那段神秘的情感让三毛着迷，几十年之后她仍然可以描绘出那个男生的形象：“只记得他顶着一个凸凸凹凹的大光头，显然仔仔细细被剃头刀剃得发亮的头颅。布幔后面的他，总也有一圈淡青色的微光在顶上时隐时现。”

一个原本应该灿烂夺目的年纪，却因为如愁的细雨显得那么苍白无力。不过三毛是个倔强的女子，并不会因为苦痛而躲闪，她在听到彼此心跳的那一刻就已经沉沦，第一次感觉到原来自己还会这么在乎一个人，这么想随时随地知道他的一切。看不到他的时候，三毛就会觉得发慌，一整天迷迷瞪瞪不知所为，一闭眼，脑海之中都是他的影子。悸动的心让三毛变得有些浮躁，在学校朝会的时候她四处寻找他的踪迹，找到之后她偷瞄了对方一眼，便迅速转身离开，弄得自己脸红心跳。

一次次的徘徊只为了和他擦肩而过，只是这样三毛也会觉得很满足了。她觉得这是自己的小秘密，羞涩而甜蜜。可对方的眼神却是那么淡然，三毛却宁愿相信那淡然的眼神之中藏着深深的爱恋，燃烧着炽热的火。

学校里的男生开始起哄，说三毛对“牛伯伯有意思”，无聊的强调让三毛恼火，怎么能把自己和他凑在一起，大概是因为她的羞涩举动被人发现才会成为别人的笑谈吧。三毛感到愤怒，觉得自己美好的感情被人玷污了，自尊心很强的三毛开始和男生们打架，她责怪他们不懂爱，可偏偏她自己知道那是什么滋味。当时的三毛想要成为那个男孩的妻子，不过却以失败告终，结束了这段青涩的暗恋之后，三毛长大了。

汹涌的情感没有发泄口，三毛常常无聊地在校园里走来走去，折断花枝，之后扔掉。没走多久，她就看到男孩被“牛伯伯”压在了身下，浑身都是泥巴，可恶的“牛伯伯”竟然抓起一把湿土向男孩的嘴巴和鼻子里塞。男孩四肢无力地滑动，三毛很想冲过去将那个坏人拽下来推倒在地，但是她不能。不过三毛最终没能忍住，她跑到女厕所里呕吐不止。白天，三毛焦灼地追逐着那道身影；夜晚，她关着门苦苦哀求自己尽快结束这段恋情。这段恋爱始终是场独角戏，是三毛独自的坚守和期盼。

虽然已经过去很久了，不过那种神秘而朦胧的喜悦却从未消逝。对小女孩和小男孩之间的朦胧情感，通常起哄多于羡慕，因为他们不懂，女生往往会比同龄的男生成熟很多。男生在感情面前永远是一副嬉笑痴傻的模样，而女孩的小脑袋里却已经开始了浪漫的憧憬。于是，三毛将那个男孩眼神中的冷淡解读成冷酷与专情。

沉浸在书海之中的少女

刚开始读初中的时候，三毛对一切都充满了好奇，尤其是学校里的课程安排，美术、音乐、英文、历史、国文、博物……每一科的后面都有着大量的知识去探求，有着好玩的事情去做。数学，更不应该是单调的，一步步地去推算，像侦探一样，去发现最后的谜底。那是个和小说一样的精彩世界。丰富的知识使得三毛又重新欢悦起来，慢慢地冲淡了她心中的陌生之感。当时的三毛非常渴求新知识，她想要知道花儿为什么会绽放，艺术家为什么可以为了艺术承受磨难和艰辛。不过，老师们并没有像她所期望的那样去讲述令她期待的故事。

美术课就是给一个蜡制苹果，要求画得一模一样；历史课就是大长段内容的背诵；精彩的故事变得精简，让你没有思考的余地……一切所学的东西都只是需要你像机器一般精准地记忆就可以了。音乐课就只是唱歌，不会涉及音符，那死板的声音提不起三毛的兴趣。

文学和美术是三毛最渴望的，她曾经深深期待的东西都没有得到，在她的心里，已经对这个学校产生了厌恶感。单调的校园生活让三毛觉得毫无意义。

当暑假来临的时候，三毛开心地丢下书包，重新跑进了租书店。当时三毛已经搬到了长春路居住，那里的租书店虽然没有建国书店那么高贵，可里面什么书都有。就在那年夏天，父亲晒大樟木箱时，三毛在一堆旧衣服下面发现了尘封多年的宝贝——一套中国通俗小说。那泛黄的、优美细腻的薄洋纸，用白棉线装订着，每本书都有几页有毛笔画出的书中人物，简单勾勒出原形，可就是看着十分传神，封面左方窄窄长长的一条白纸红框，写着端正秀美的毛笔字——《水浒传》《儒林外史》《今古奇观》等，三毛第一次发现一本书外在形式的美，她把它们当作艺术品一样放在手中爱抚着。

发现父亲箱子底的“宝贝”之后，三毛的内心挣扎得厉害，因为担心书店中自己喜爱的作家的小说被人借走，她在暑假一开始，就用自己所有的零用钱把它们中的大部分租了下来。当时手边有《复活》《罪与罚》《死灵魂》《战争与和平》

《卡拉马助夫兄弟们》《狂人日记》《安娜·卡列尼娜》等，都是需要限时归还的。如今又多出来这么多的中国小说，一个十二岁的中国女孩竟然连《水浒传》都没读过，三毛内心之中竟然有些羞愧。

就这样，三毛开始了埋头苦读。父亲屡次劝她将书拿得远一点，不要埋头读书。那年夏天，热爱读书的三毛开始体悟书中的悲喜，却忘记了现实中自己的冷暖。

老师的羞辱：蜕变成优雅的刺猬

因为对文学的嗜好，三毛在中学时代就严重偏科，对于属于文科的国文、地理、英文很拿手，可数学之类的理科就很糟糕了。她用大量的时间来看小说，自然剩下来学习的时间也就不多了。那一年三毛的成绩也是差强人意，算不上好，但也不用留级。

每个人都有青春岁月，都有不被大人们理解的哀伤，三毛这样多愁善感，自然也不例外。三毛读书的时候，学校的制度和老师的教学方法非常古板，三毛由于严重偏科而吃了不少苦，自信一度受到打击。可让人想不到的是，三毛居然被视为问题学生。

三毛在文科方面的表现非常突出，她心思细腻，感情丰富，她那感性思维用在数学的逻辑思维上简直就是浪费。三毛觉得自己并不是学不好数学，而是不想去学习数学，导致她看到数学课的时候就想逃得远远的，宁愿研读《红楼梦》。数学老师对于三毛这一“故意”的行为忍无可忍，也想要故意修理一下这个倔强的女孩，甚至骂三毛是头猪。

三毛于是开始暗自学习数学，居然连续三次考了满分的好成绩。原本该是值得开心的事，可数学老师却污蔑三毛抄袭，小小的三毛自然不会忍受这样的委屈，便高声和数学老师理论，想要证明自己的清白。数学老师早就知道三毛是个倔强高傲的女孩，对三毛嫌课本教案太简单、糊弄学生之类的话早就有所耳闻，正愁没机会修理她，她还自己找上门来了。

于是，数学老师特意挑了还未教过的知识，出了一张试卷，让三毛重新考过。当三毛看到眼前的试卷上都是一些她没学过的试题时，她惊恐而绝望，数学老师却得意地判了个大大的零蛋，她拿起毛笔蘸足墨水，在三毛的脸上一边画了一个大鸭蛋，三毛顿时被吓住了。可这件事还没有结束，数学老师又叫她把头转向全班同学，同学们爆发出了哄笑之声，三毛的泪水却如泉涌般流出，她觉得自己的心似乎被人偷走了，只觉得胸膛处空空如也……

好心的同学过来拉着三毛去洗脸，三毛只是无助地哭泣着，她从未想过，自己有一天会受到一个成年人这样的羞辱。迈入少女时期的三毛，前一天还为来月经而感到开心，今天就在全班男生的面前丢尽了脸，顿时，内心之中的自卑感达到了巅峰。

那天过后，三毛便开始了自己灰暗的日子，此后三毛的日子里充满了灰色、封闭和孤独，她每天都在挣扎中慰藉自己的心，她蜕变成了一只优雅的刺猬，安全、冰冷地自我生长着，时刻保护着自己不让人靠近，她不停地给自己的心补充能量——文学。她是那么骄傲的人，怎么可能允许那样的羞辱发生在自己身上？她感觉自己受伤了，她开始逃避，学校如同她的禁地，她一步都不愿意再迈进去，她需要一块净土独自生长。

三毛病了

三毛开始逃学了，逃学的同时担心被父母发现，于是逃两天再上两天课。直到一年后，三毛的父亲才发现三毛逃学，只好给她转学，希望她能忘记曾经的伤害和羞辱，在新的学习环境中好好学习。

第一天上学的时候，三毛走在学校走廊上，竟然因为呼吸困难而晕倒；第二天上学，三毛只上了一半就因为坚持不住而逃出教室，从那之后再也没去过学校。她开始和堂弟在家里打架，甚至用钢梳扎破了堂弟的脸，堂弟哭着跑开了；她还经常做出让人吃惊的事情，比如用开水浇花，开心地看着花在一夜间枯萎。此时父亲才意识到——三毛病了。

父亲慈爱的目光在三毛的眼中如同利刃，母亲善意的念叨如同魔咒，周围的一切都充满了黑暗和荆棘，三毛觉得连呼吸都是那么孤独和无助。

三毛被父亲拉着去做了智力测试，可仅仅得了六十分，智商和三岁小孩相差无几，医生只好告诉他，三毛的脑子坏了。

在这样颓废的日子里，三毛越来越没有活下去的勇气了。一个寂静的夜晚，三毛用刀片划破了自己的手腕，当她看到鲜红的血液一滴滴流淌出来的时候，神情开始变得恍惚……

母亲焦急地抓住三毛的手大声呼喊她的名字，三毛微微睁开眼睛，冲着母亲微笑，看到了涕泪纵横的母亲的身后站着眼圈通红的父亲。此刻，三毛的世界终于不全是黑暗，射出一缕微光，那是懂她、不愿放弃她的父母。

经过这件事之后，父亲终于决定让三毛休学，自己和妻子担负起教育三毛的责任。在温暖的家里，三毛终于放下心头那块沉重的石头，开始汲取知识的能量。每天黄昏，父亲下班回家之后，父女俩都会一起交谈广博的文学知识，比如李清照的清丽婉约、李白的豪放不羁等，三毛永远都记得那些年黄昏的景色是那么优美，父亲的微笑是那么敦厚慈祥，和煦的暮光照在身上，温暖而柔和。

父亲的包容和母亲的悉心照料，为三毛撑起了一片蔚蓝的天空。此后的七年时光，三毛都在家中苦读，虽然逍遥自在，可大部分时间仍是十分寂寥。等待父母下班的时光里没有同龄人的陪伴，三毛常常自言自语，有时甚至对着家具、墙壁说话，空空的屋子里传出微弱的回声。

三毛就在这种自卑和悲苦的畸形心态下度过了从少女到女人的转变时期，就这样蹉跎了一个少女的花样年华。

消磨在读书上的休学时间

在三毛休学的那段时间里，姐姐高中联考考上了二女中，但是三毛的姐姐无法忍受数学的苦难，她希望能在音乐方面找到梦想的起点。父母都希望自己的孩子可以成才，同时也为孩子着想，三毛的姐姐在和父母恳谈之后，她放弃了进入二女中的机会，改念台北师范学校，念的是音乐科，主修钢琴，副修小提琴，并开始住校。那个房间只剩下三毛一个人，这让三毛有些开心，也有些孤单。

虽然姐姐仍然住在台北，但是和她交流的时间少了，三毛失去了念闲书的好伙伴。一个人占据一整间卧室之后，三毛突然觉得空旷自由，知道自己再也不用迈进那令人厌恶的教室之后，三毛如释重负。

三毛买了个竹子做的书架放在卧室里，典雅而美丽。为了买这个书架，她把自己新年的压岁钱花光了，可是她很开心。书架上零落着几十本书，不仅有国内、国外的名著，还有优美的散文和凄美的童话故事。

在书海之中，三毛渐渐形成了自己的思想，为她日后的人生道路做足了铺垫。不经意间，那个书架深深烙印在了三毛的骨髓之中。

休学在家的那段时间里，父亲担负起了女儿的教育责任，他早年间毕业于很有名气的东吴大学，之后任教多年，有经验，也有能力。父亲告诉三毛，即使现在不上学了，也还是要学习一些书本知识的。

夕阳柔和的光辉洒满山野，三毛就和父亲坐在藤椅上，面前摆放着一本《古文观止》，在父亲的讲解下，三毛学得很快，而且能将文章背诵下来。

等讲到诗仙李白、唐宋八大家或者唐诗宋词的时候，父女俩都沉浸其中无法自拔。一个父亲，用自己的爱融化着女儿冰封的内心。不管什么时候，爱都是伟大的，它能让人堕落，也能让人成长。正是父亲的爱，让三毛坚强地成长起来。

休学之后，三毛就不怎么喜欢出门了，所有的时间都花费在读书上。当时很多的同龄孩子不是去上学，就是去参加各种聚会，可三毛却是个内心深爱孤静、不怎么合群的人，她在孤独的世界里体会着属于自己的自由。

每次上街，三毛都会用自己的零用钱买书，借书已经无法满足她，因为不同年龄段读同一本书会有不同的感悟。以前读书只是当成故事来看，如今同样的书再拿出来看，已经有了不同的领悟。三毛书架上的书在逐渐增多，一开始只是零星的几本，到后来需要摞起来摆放才放得下。

一年后，书架满了。某一天，三毛外出回家之后，意外发现卧室内多了个书橱，三毛将其视为一件珍品。那个书橱很漂亮，狭长而轻巧，一共有五层，上下两个玻璃门都能关上。

只要是能被利用起来的空间，不管是桌子下，还是床边、地板上、衣橱里，都塞满了各种各样的书籍。当时中国台湾的书业逐渐发展，有些青年作家崭露头角，这让三毛感受到了不一样的文化，于是她在她的藏书中又增加了一道风景。

三毛的书橱里不仅有了“世界”出版的朱生豪先生翻译的《莎士比亚全集》，还有梁实秋先生翻译的版本。在此之前，还有英文原版的。中国台湾的英文翻版书有很多，虽然将中国台湾在国际的名声搞坏了，但对于当时的三毛而言却是受益匪浅的。有些英文哲学书在以前的价格很昂贵，无法大量购买，但是因为有了翻版，三毛才可以用少量的金钱购买它们。当时翻译的大都是大家作品，包括很多哲学方面的书籍。

三毛喜欢读哲学，觉得它们是智慧的结晶，是时光沉淀所得的产物。在有限的生命时光里获知无限时光的奥秘，是非常美妙的。三毛把自己的零用钱都用在了书店里，中国台湾的书读够了，三毛便去香港买书；后来在香港也得不到满足，三毛又到日本买书，从日本购买到的大都是美术方面的画册。

爱书如命

三毛喜欢读书，所以经常买书，亲戚朋友中和她年纪相仿的孩子也经常跑来和她借书。可是，三毛对于自己的爱书是非常吝啬的，每当别人借书的时候，她都会表现得极不情愿，常常叮嘱对方要爱惜书，早日归还。但是借书的人实在太多了，很多人并没有按照她的嘱咐如期归还那些书。

一天，三毛的二堂哥有个学音乐的同学——王国梁——向三毛借书，三毛与二堂哥陈懋良的感情很好，因此对王国梁也比较大方，自己亲手挑选了一堆喜欢的书交给王国梁。由于书太多了，王国梁就用麻绳将书扎在一起拎出去，可他刚出门，三毛就有些后悔了，还不放心地追了出去，冲着对方叮嘱了句："国梁，看完了记得赶紧还回来！"

然而事有不巧，当时王国梁住在板桥，可那年板桥被水淹了，书也被河水冲走了。王国梁非常愧疚，不敢道歉，找人替自己说情。三毛得知这件事后非常生气，从那之后再也不理他了。也正是因为有了这次事情，以后不管谁来借书三毛都不借了。

不过王恒是个例外，因为他是个讲信用的人，有借必还，而且还会多还三毛一两本自己看过的书。

王恒学的是音乐，由于借书的缘分，两人竟然成了一辈子的至交。他们有很多共同爱好，也有很多共同话题。孤独的时候，王恒就如同一缕阳光照进三毛的心中。有人能和自己分享幸福是件很快乐的事，三毛与王恒的友谊就在那个时候生根发芽，迅速成长，最终与三毛成为一辈子的好朋友。

第三章

绘画之旅：绚丽人生路

意外发掘的绘画天赋

十三岁的三毛终日将自己关在家里，在书中寻找安慰，没有了压力，也变得自由、安逸而安全。闲暇的时候，她就会到海边走走，哼一首小曲儿，看着浪潮的起落，捡起一两个泛着青光的贝壳，将它们放在自己的耳边听上古时代的回忆之声。

三毛甚至要求父亲将卧室窗户外面加上铁栏并将门加锁，似乎只有这样才能让她觉得安心一整天。父亲当然照做了。三毛开心的时候将它们打开，不高兴了就把它们锁紧。在这个时候，三毛觉得自己的世界是可以被自己掌控的。

那间卧室原本属于姐姐陈田心，姐姐为了自己的梦想进了音乐师范，住校学习。从那之后，小小的卧室就成了三毛的全部世界。一开始三毛还和家人一起吃饭，但是每次吃饭的时候，姐姐和弟弟都会无意间提到一些有关学校的人和事，这让三毛的心不禁颤抖了一番。慢慢地，三毛不愿意踏出卧室一步，哪怕是吃饭，也都要母亲将饭菜端入卧室门口。三毛将自己的身心囚禁起来，她的世界，只有她自己一个人：一个人吃饭，一个人生活，自己和自己聊天，也只有这样她才觉得安全。

三毛非常享受这样的生活，这是只属于她一个人的。她在想象，自己也有一天会化身成那小小的贝壳，只有真心爱他的人用手抚摸、用心去听，才可以听见她向你诉说的故事。三毛的心柔软而简单，她渴望被人懂，被人深深地珍惜。

父亲因女儿这样浪费自己的青春感到不安，他觉得是时候给三毛找些有意义的事做了。于是，他问三毛想不想学美术，三毛立刻想起童年时那名军官曾带自己看过油画，画布上画着的是个美好的姑娘，鲜亮的色彩堆叠出让人吃惊的美丽颜色，那少女更是美得让人惊艳。三毛很是开心，紧紧拥抱着父亲，还一个劲地点头，说起自己从小就非常喜欢美术带给人的震撼，说着说着，竟然流下了激动的泪水。父亲陈嗣庆非常开心，赶忙画着十字感谢上帝，因为总算找到这世上除了书本之外，还能让女儿动心的事了。

父亲陈嗣庆给三毛找来了一个美术老师，是当时中国台湾师范大学艺术系的黄君璧教授。他在山水画上颇有成就，是中国台湾很有名的一位画家。父亲陈嗣庆花重金带三毛拜了师，想要为女儿提供高雅知性的平台，但这位黄君璧老先生秉承的是旧式教育，讲究一笔一画、一招一式的临摹，虽然他的艺术造诣颇深，可却无心启发。上课时永远是一杯茶、一炷香，每天让三毛做同样的事——研墨、临摹，这种慢节奏让三毛感到枯燥和无趣，只学了两个星期她便再也无法忍受，于是不去了。父亲并没有责备三毛，而是继续给她找了位年轻的邵幼轩老师，她是一位性格温和的女先生，曾经受到过蒋经国的高度赞誉，被美国各大艺术学院聘请为终身教授。可能是父亲之前和她谈过三毛的情况，她对这个瘦小的女孩格外怜爱，知道她是个不平凡的女孩，而且没有按照常规的方式教三毛学习基础，而是每天安排一定的时间让三毛进行自由创作。

拜邵先生为师之后，三毛非常开心，她立刻拿起画笔在纸上画出了那藏在心中许久的鸟儿，活灵活现。三毛心思敏锐，不过是被世俗压抑太久才显得格格不入，那些灵动的线条在她的笔尖流转，每一笔都如同她渴望自由的灵魂的诉说一般。

三毛那颇具灵性的天赋让邵先生感到震惊，邵先生甚至觉得三毛笔下的花儿、鸟儿的灵动传神超过了自己。邵先生非常庆幸自己没有按照常规的方法教导这个不寻常的女孩，原本藏在内心的心疼也逐渐转化成了欣赏。三毛是个争气的好孩子，没有让邵先生失望，她画出来的花鸟图也继承了老师的婉约灵动。多年之后，三毛还将自己的作品赠送给友人们，其绘画水平可见一斑。

迷上毕加索的油画

三毛的二堂哥陈懋良狂热地迷恋着毕加索，虽然他擅长的是音乐，却丝毫不妨碍他对毕加索的痴迷。他带着三毛一起去看毕加索油画的复制品——《格尔尼卡》，画面充斥着纳粹的血腥暴行，油画大块色彩搭配在一起，层次分明，三毛突然感觉自己的心如同被什么抓走了，一时间站在油画的面前呆立不动。

自此之后，三毛爱上了毕加索，一个她从未谋面，却牢牢记在心里的西方人。毕加索的画总是那么超凡脱俗，让人从中感受着不同颜色交织出来的奇幻团，它们有时立体，有时根据光线的不同变换色调，三毛从中感受着画纸上迸发出的生命力和美。

当三毛对父亲说出自己不想学国画，而想学油画的打算时，父亲陈嗣庆感到不安，他不知道自己该不该顺从女儿的意思。他隐隐地感觉到女儿的性子中隐藏着悲观和任性，虽然明知道不好，可是爱女心切的他又是那样的无可奈何，最终，对女儿的疼爱之心战胜了想要对她施压的心，他不想再拘束女儿，生怕她因此而不快乐、受伤害。就这样，父亲陈嗣庆开始重新为女儿寻找油画画家，最终选择了新潮画派的新秀、国民党高级将领顾祝同的公子——顾福生。

结识著名油画家顾福生

生活中的很多情节还是颇具戏剧性的。在一个平凡又晴朗的日子里，三毛的姐姐陈田心约了很多玩伴到家里，其中有一对姐弟，姐姐叫陈缤，弟弟叫陈骕。正当几个朋友玩得兴起的时候，陈骕突然说，自己想画一场战争画让大家看看。那是一场骑兵队和印第安人的惨烈战役。帐篷车被熊熊烈火燃起，随处可见骑士和战马的尸体。

大家你推着我，我推着你，之后将画丢在了一旁。就在这个时候，被大家遗忘在了角落里的三毛将地上的画捡了起来，仔细看着这幅战争图。那是一幅她从来没有见到过的绘画形式，鲜明的色彩碰撞呈现出强烈的即视感。三毛突然觉得自己的心在被什么召唤着，那种感觉让她感到害怕，可她却忍不住去想。之后陈骕告诉她自己画的是油画，他的老师叫顾福生。

三毛开始期待见到顾福生老师，她也想和陈骕一样运用明快的色彩来支配鲜明的线条，似乎那明快的色彩唤起了她沉寂的灵魂。

当顾福生同意教授三毛油画后，三毛却胆怯了。内心明明是渴求，可真的准备迈步时，却又充满了恐惧。最终渴求战胜了恐惧，三毛终于站在了泰安街二号深宅大院外，这次她不允许自己逃开，而是鼓起勇气按响了顾福生家的门铃，穿过一片杜鹃花丛，三毛被带到一个放了很多幅油画的房间里。顾福生看着眼前这个怯懦的小姑娘，轻声询问她是否喜欢美术，为什么要学习画画，得知三毛休学后也没有过多询问。

三毛非常感激顾福生，敏感多疑的她第一次体会到被保护的感觉，这种体谅如同一剂良药，安抚了她多年来动荡不安的心。后来三毛在《我的快乐天堂》中写过这样一段话："多年过去了，半生流逝之后，才敢讲出：初见恩师的第一次，那份'惊心'，是手里提着的一大堆东西都会哗啦啦掉下地的'动魄'。如果，如果人生有什么叫作一见钟情，那一霎间，的确经历过。"就这样，顾福生用自己的千般温柔抚平了三毛那颗百般纠结的心。

热爱毕加索却画不好油画

顾福生是个风度翩翩的成年男子，他温和、儒雅，长相俊朗，是少女心目中典型的成熟男性。三毛非常喜欢这个先生，每次自己小小的身影和先生一同倒映在墙壁上的时候，三毛的心中都会升起一丝不易察觉的温暖。

顾福生教三毛通过线条发挥自己的想象力，打开自己的心扉，告诉她只要她愿意，一切皆有可能；只要她愿意，她就能以自己喜欢的姿态生活在这个世界上。对，这才是三毛爱的美术，这才是她内心向往的美丽，如同她的挚爱毕加索那样的自由，每一笔画出来的都是精彩。

可毕加索只有一个，三毛并不是美术天才。三毛越是喜欢毕加索，越想表现得优秀，手里的画笔就越不听使唤，她的画作生硬而死板，甚至没有丝毫的灵动之感。骄傲的三毛开始讨厌自己的笨拙、不争气，开始的时候不行还情有可原，可连续学习两个月之后仍然没有任何起色。

一天，三毛正坐在窗前画着被雨水打落的叶子，虽然只是简单的习作，可她却搭配出了一堆很奇怪的颜色，油画是需要远观的，可她的画作远远看着没有一丝雨中的光泽，三毛懊恼地看着阴郁的天空，顿觉羞愧难当。

中国台湾的雨是给人一种不透彻的感觉，原本内心的忧郁尚存，再加上这雨天雨景的渲染，屋外的树木都显得垂头丧气，屋内的兰花也略微闭起了叶子，呈低头之态。三毛觉得非常沮丧，退到墙角看着自己的画，情不自禁地流下了挫败的泪水。她明白自己是多么热爱油画，可却因为笨拙的手法而无法将这种感情表达出来。那股自卑感重新回归到她的身上，让她自怜、自责。过于保护自己是三毛最大的优点，也是她最大的缺点，她讨厌别人对自己失望的感觉，如果不能做好，还不如直接不做。

三毛第一次开始担心自己的未来，她发现自己好像突然间使不上力气了，她开始怀疑数学老师对她的评价“蠢货”“猪”是不是正确的了，泪水如泉涌，怎么都止不住……

从油画谈到文学，释放自己

当顾福生再次看到三毛的时候，他发现三毛变得比以往更加沉默了，这个忧郁的小少女低着头不肯说话，良久，才难为情地说出自己未能完成作业。大概是因为觉得自己真的没有画画的天赋，三毛希望老师可以放弃她，她也不想再这么耽误老师的时间了。三毛的眼里含着泪水，那神情就好像是在和心爱的美术道别。

顾福生并未因此而批评她，他让三毛坐下来和他聊聊天，询问三毛平时喜欢读的书。三毛便如数家珍一般将自己读过的书和心得体会统统说与老师听，眼神之中闪现着异彩，一张小脸因为生动的情节描述而变得潮红。顾福生的嘴角生出一丝不易察觉的微笑，眼前这个忧伤的小女孩不知不觉中从自卑走向自信了……

再上课的时候，顾福生不再和三毛谈论美术方面的事了，而是和三毛谈起了书上的内容，两个人之间的共同语言越来越多，从师生关系转变成了无话不谈的好朋友，三毛将顾福生比作风清扬，将自己比作令狐冲，两人已经超越师生之情成为朋友，令狐冲也在日后超越风清扬。三毛开始阅览各种书籍，除了顾福生给她的杂志，她还搜寻了一些其他作者的书，如卡夫卡的《城堡》、加缪的《异乡人》、芥川龙之介的《罗生门》《河童》等，三毛非常喜欢白先勇的书，他是当时《现代文学》杂志的主编。此时的三毛丝毫没有察觉到自己的成长。

谈心的时光总是匆匆，不知不觉中，顾福生惊讶地感觉到三毛就好像变了一个人，身上散发出一种从未有过的释放的感觉，她站在顾福生面前，如同一个机智健谈的演讲家，诉说着她对文学的理解，描绘着那些文学作品带给她的感动、震惊之情。

1962 年 12 月，三毛的处女作——散文《惑》被刊登在《现代文学》杂志上。三毛激动地将杂志抱回家，陈嗣庆夫妇读着女儿的作品，眼里流出了激动的泪水。《惑》的发表给了三毛足够的信心和勇气，这是三毛一生之中最值得纪念的事情，其中的每个字都蕴含着深深的伤痛，唤醒着内心之中痛苦的挣扎。

三毛非常感谢自己的恩师顾福生先生，他虽然是位绘画老师，可却热心地当起了导师的角色：他发现了这个女孩是位文学天才，开始发掘起她的文学天赋。

期待灰姑娘的蜕变

在三毛还没有弄懂什么是青春年少的时候，就遇到了令人惊艳的顾家女儿们，直到那一刻她才明白，自己已经到了应该肆意追求美丽的年纪了。

顾福生有四个姐妹，各个生得花容月貌，年长的两个喜欢穿旗袍，较年轻的两个喜欢穿洋装，四个姐妹常常打扮得光鲜亮丽地出现在顾福生家里，就好像四个仙女一般。在屋子里的时候，四个姐妹露出雪白的胳膊亲密地半坐半卧在沙发上聊天，宛若天仙。

三毛的少女情怀如同无声的春雨，不知不觉被周围的景致渲染，心湖悄然泛起涟漪。三毛总是默默地看着她们，内心之中充满了渴望和羡慕，她惴惴不安地踏入青春的开始，唱出了属于自己的忧伤之歌，或婉转，或忧伤，或激烈，或张扬，所有音符都在那个年纪跳动，仿佛心中升起一团火，一团扑不灭的火。

三毛仍旧清楚地记得，第一次看到年轻女老师穿丝袜的时候，心生一种莫名的欣喜。三毛开始渴望成长，变成美丽的大姑娘，这样就可以穿着丝袜和高跟鞋，涂上口红，展示出女性的青春魅力。

三毛低头看看自己，白布裙子还是去年妈妈给她和姐姐一起做的，上面是母亲亲手绣的两道花边，是那样的清新、娇俏，可是当三毛走进顾家的时候，觉得自己的穿着很土，就像一只丑小鸭站在一群白天鹅的面前。

母亲也察觉到了三毛最近的变化，却不明白其原因。其实三毛只是想向母亲要一双高跟鞋，因为少女的羞怯她不敢开口。她觉得高跟鞋是具有魔力的，只要穿上它，就能像灰姑娘那样一瞬间光彩照人，如同公主一般。

三毛将自己的想法告诉了姐姐，可姐姐却批评了她，觉得她的想法不切实际，红色高跟鞋过于张扬，不像良家孩子的模样。然而，三毛却仍旧憧憬着自己的美丽高跟鞋，像大多数少女一样，期待自己可以变得光彩夺目，希望有一位王子能被自己深深地吸引，自己也刚好喜欢那位王子，从而邂逅一段美妙的爱情。

三毛最终如愿以偿，得到了自己期待的高跟鞋，这是母亲折中给她定制的粉红色鞋子，且鞋子样式简单。即便如此，三毛仍然非常欢喜。每当三毛用手抚摸它那柔软的皮面时，如同抚摸着少女的肌肤，内心之中满是憧憬和异想，就好像这双鞋子带着她参加了舞会，舞会上有很多人排队请她跳舞……

告别舞会上的公主

顾福生准备离开中国台湾去巴黎深造，临别前开办了一场舞会，将自己的朋友们聚在了一起。那几天的三毛开心得像个小百灵，因为顾福生给了三毛一个参加舞会的机会，让三毛可以走进童话般的世界，实现自己的公主梦。她一会儿试试姐姐的衣裙，一会儿试试母亲的衣裙，又觉得都不合身，脱下来重新搭配。此时的三毛早已没有了当初向母亲要鞋子时的羞怯，她已经能大方地表达自己的美好愿望了。

终于，三毛挑选好了一件绿色长裙，腰间松松地别着一朵绒花，脚上蹬着红色的高跟鞋，如同一个典雅的贵妇，一步步走到了镜子前。三毛看到镜子里的自己，非常惊讶，她从来没有发现自己是那么美丽。镜子里的少女用手指轻轻抚了抚白皙的脖颈，缓缓向下抚摸，她感觉，自己的每一寸肌肤都好像复苏了一般。此刻的三毛非常满意自己的模样，对着镜子浅浅一笑，那笑容如冬日里的梅花，娇艳尽显。

舞会场上的灯光非常美妙，每个人的脸上都挂着精致的微笑，浅尝辄止的红酒透过灯光闪现出五彩光芒。那天的舞会上，很多人上前邀请三毛跳舞，她俨然成为舞会场上的公主，不停地旋转、跳跃，觉得自己如同轻盈的蝴蝶，在会场上翩翩起舞。

在舞会上，三毛认识了白先勇、陈秀美（后来的女作家陈若曦）等优秀的作家，扩大了自己的交际圈。

舞会结束后，朋友们将顾福生送到了汽轮上，三毛在渡口上望着顾先生乘坐的轮船远去的背影，心底不禁泛起哀伤，那个长久以来陪伴着自己的良师益友离开了，那个教会自己重拾自信、走向阳光的人走了，还会再见吗？什么时候能再见？先生走了，自己该如何做下一步打算？

当晚，三毛的思绪变得复杂起来，带着少女的忧伤和清冷在河边散步，远远看着河水上飘摇的船只，渔火摇曳，是那样的迷离、孤单。晚风吹乱了三毛的头发，一瞬间，她仿佛明白了什么是哀愁，因为从今往后，她又是独自一个人了。不过顾福生临走之前还留给了她一样礼物——朋友，她还这么年轻，未来的路还有很长、很远，应该开心地漫步在人生的道路上。

在三毛往后的生活里，正因为有了可以交心的朋友畅谈内心的忧愁和悲伤，就不用自卑和彷徨了。三毛开始整理她成长过程中的点滴烦恼，将它们写到一首首诗歌之中，诗句中，尽显少女的哀愁。

再度步入学校大门

和其他女孩一样，三毛经历了从稚嫩、懵懂到成熟，只不过她的成长方式比较独特。很多天才的成长经历都是和常人不同的，比如鲁迅、金庸、夏洛蒂·勃朗特等，而这些人又走进了三毛的世界里。这些人，有的对她有知遇之恩，有的和她成了忘年之交。三毛懵懂的少女时期如同被魔术师、仙人施了魔法、仙术，变得迥异而多彩多姿。

三毛沉浸在文学作品之中，在这段时间里，三毛阅读过很多名家名作，自己也写了不少的文章，并且几乎每一篇都被发表了，这也增强了三毛的自信心。

继《惑》发表之后，三毛又陆续发表了《月河》《雨季不再来》《一个星期一的早晨》《安东尼，我的安东尼》等作品。这些作品充满了诗意和忧伤，似乎是青葱岁月的多愁少女在向夜来香诉说私密的话语。三毛尤其擅长描写雨中少女的心理活动，曾一度被人称作雨季文学。

20 世纪 60 年代，中国台湾的文学作品不多，三毛的作品在这一时期如同天际的启明星，展现出来的文学智慧和细腻的心理描写让很多人叹为观止。

三毛一直在思念出国的顾福生，她坚信那不是爱情，可却是在这种感情的基础上延伸出了她对爱情的渴望，她开始期待一个完美、隽秀、风趣而沉静的男子的出现。她在想，顾福生是不是如同她思念他一般思念着自己，不过她不计较，毕竟任何一段感情都不可能是对等的。她开始期待生活中能发生一件非常美好的事情。

文学作品的多次发表让三毛变得开朗和热情，不再像以前那样愁闷和孤寂。她开始热衷于交朋友，终日在沙龙、舞会中穿梭，和众人讨论写作和画画的事宜，来往于年轻人中间。此刻的三毛如同一匹小马驹，在田野之中纵情欢跳、奔跑。

尽管这样的日子轻松而愉悦，可三毛总觉得好像少了些什么，除了发表作品，她似乎没有其他事情可做，她开始感到空虚，想要找些东西来填充那颗空空如也的心。

陈秀美是顾福生介绍给她的玩伴，三毛非常喜欢和她在一起。陈秀美告诉三毛：珍珠能融化在醋里，猪无法仰望天空，蜜糖是唯一不会变质的食物……三毛听得入迷，两个女孩经常一起趴在床边聊到繁星满天。

一天，陈秀美突然严肃地告诉三毛，台北开了个文化学院，办学质量很不错，声誉很好，建议三毛去做个选读生试试。三毛仔细想了很久，也觉得自己沉寂的时间太久了，辜负了光阴，自己一个人的世界终究是狭窄的，她用心记下了陈秀美的话。

三毛在朋友们的建议下给校长张其昀写了封一万多字的求学信，真诚地诉说了自己失学的遭遇，以及如何从自闭之中走向阳光，如何通过美术和文学找回自信、找到自我，简单而直白的词语，情真意切、楚楚可怜地表达着自己想要再次进入学校和同学一起学习的渴望，同时在信尾写下“区区向学之志，请求成全”的恳求之语。

张校长在第二天就回信了，希望三毛可以立刻到学校来报到，她想进入什么专业可以和校长面谈。于是三毛带着自己的作品向张校长表达了自己的意愿，张校长给她在哲学系安排了选读生的身份，三毛终于再次回到了校园之中。

当时很多朋友问三毛为什么不读文学系，却选择了哲学系。三毛是这样回答的，她说自己这么多年来一直搞不清楚生命的意义，也不知道自己究竟是谁，为什么活着。她在家休学七年，这样的问题也困扰了她七年，她希望可以通过学习哲学找出一条明路。

据三毛的大学同学回忆，三毛是个非常安静且成熟稳重的女孩，是她们心中的大姐姐。如果不是被岁月磨平了棱角，昔日的三毛又怎么会变得柔和起来？

大学的时候，三毛一般是以一个大姐姐的形象出现在大家面前，她就坐在那里，静静地听，浅浅地笑，周围同学或高谈阔论，或争论不休，她总是那样沉静。此时的三毛早就没有了当初的自卑，她和同学们相处得很是融洽，即使同学和她有不同意见，她也会给别人留足面子。同学们都知道三毛很有文采和内涵，也都很是尊重她。每当同学们读到新书或是有不解之处的时候，都会向三毛请教，三毛也会给予一定的帮助。

大学时的三毛已经和小时候迥然不同，不过还没有达到脱胎换骨的程度，她的骨子里仍然有着当年的倔强，仍然是个非常要强的女子，她不允许自己输，如果必输，她就会小心翼翼地避开，再不触碰或是逃之夭夭。这种性格伴随了三毛一生。

在学校里，三毛一边认真修习着哲学，一边继续强化文学。她仍然在发表着属于自己的文章，在同学中间的地位也是越来越高，大家都被她的奇异思维所吸引，想要靠近她，探索她的内心世界。她的朋友越来越多，成绩越来越优异，就连老师都对她进行了特殊照顾。

终于到了语文期终考试，三毛从来没有经受过传统的应试教育，所以面对试卷上的题目她有些为难。于是她灵机一动，干脆写了篇作文，杜撰了一个悲苦家室，凄凄切切的文字感动得语文老师泪流不止。三毛就这么通过了语文考试，而且得了优秀。

第四章

锦瑟年华：
在最美好的时光遇到你

暗恋梁光明

大学里，三毛虽然有很多朋友，可仍然觉得寂寞。她开始渴望一种莫名的情愫，一种她一直空白着的情愫，她渴望知道那种感觉是否真的像美酒佳酿那般甘醇，让人迷惘。

三毛第一次听到梁光明这个名字，是在几个女孩的对话中，她们带着兴奋的语调谈论着梁光明，于是三毛也产生了浓厚的好奇。一开始，三毛心里还很不服气，她不觉得有人会比自己的文学功底深厚，便找了个向梁光明借书的机会。当她看到这位玉树临风的青年才俊时，立刻被吸引住了。当时梁光明正在静心作诗，随手递给三毛一本自己的集子，他眉头转脸之间扬起，一副踌躇满志的神态。三毛心头一惊，急忙拿着书跑开了，她倒要看看这位梁光明的文笔和风采。

梁光明看到三毛急促的步伐，还以为她是少女羞涩，就像其他女孩看到自己时一样，也就没放在心上。可是，就在三毛读过那些文章之后，如同美酒佳酿一般的滋味让她回味无穷。梁光明的剧情设计跌宕起伏、环环相扣，文笔潇洒自如，意境悠远，和三毛那惆怅的雨季文学相比，梁光明对人物的把握更胜一筹。三毛反复翻阅梁光明的文稿，越来越觉得他的写作很是精妙。不知不觉已经过了吃饭的时间，等到好友们来喊她时，她猛然抬头，才发现镜子里面的自己面带绯红，回想起那个仪表不凡的青年，内心竟不自主地悸动了一下。

此后，便是漫长的思念。三毛是个非常执着的人，她决定通过自己的真诚打动梁光明。在之后整整四个月的时间里，只要是有梁光明的地方，都会有三毛的身影。看到梁光明拿着书去上课，她就会悄悄尾随，走进同一间教室。可她又不敢张扬，只是默默地坐到最后一排，远远地望着自己喜欢的人。梁光明去小饭馆里吃饭的时候，她也会急匆匆地跟上去，在他附近的桌子旁悄悄摆一副碗筷，心里也是美滋滋的。

其实，梁光明早就注意到这个女孩了，只不过他并未对三毛动心，而且觉得成家的事应该等工作后再谈。因此，他并没有回应三毛的做法，也一直在无视三毛的举动。当时全校的同学几乎都知道三毛喜欢梁光明，他们也希望这两个文学方面的杰出人才可以走到一起。可是梁光明并未予以响应，一切似乎都是三毛的一厢情愿。

终于，三毛等不及了，她不相信自己的行为没有影响到梁光明，难道梁光明真的不喜欢自己吗？他真的没有对自己动心吗？三毛开始在同学间借酒消愁。很快，三毛就意识到，自己不能变成怨女，她要主动一点。

一天夜里，梁光明正在学校操场上，思索着一个话剧的剧情，突然，一个穿着纱质衣裙的女孩闯入了他的视线，此刻的三毛宛如下凡的仙女，是那般纯洁可爱。梁光明不知道这个女孩鼓起了多大的勇气才敢拉起他的手，那双手渗透出冰凉的汗珠，指尖在他的手心处划过，是一串电话号码。她睁着大大的眼睛，满是期待地看向梁光明："打给我。"

梁光明还没回过神来，三毛便羞涩地离去了。其实她只是无法承受被当面拒绝，此刻的三毛心里并没有什么把握，如果他拒绝了，三毛可以当作什么事都没发生过。之后，三毛没有回学校，而是直接回到家里，闷在房间里等待着消息。

……

多年后，三毛在诗歌《七点钟》里就为我们讲述了这段懵懂的情愫，少女的青涩可爱被生动的文字展现得淋漓尽致：

今生就是那么地开始的
走过操场的青草地　走到你的面前
不能说一句话
拿起钢笔　在你的掌心写下七个数字
点一个头然后　狂奔而去
守住电话　就守住度日如年的狂盼
铃声响的时候
自己的声音　那么急迫
是我是我是我

是我是我是我

七点钟　你说七点钟

好好好　我一定早点到

啊　明明站在你的面前

还是害怕这是一场梦

是真是幻是梦

是真是幻是梦

车厢里面对面坐着

你的眼底　一个惊慌少女的倒影

火车一直往前去啊　我不愿意下车

不管它要带我到什么地方

我的车站　在你身旁

就在你的身旁

是我　在你的身旁

才子佳人共享人间风雅

三毛开始了自己的初恋，成了坠入情网的小妇人。从前的自闭和孤独早已离她而去，现在的她，是一个快乐、活泼的小女生。她悄悄藏起了自己身上的锐刺和冰冷，努力地经营着自己的爱情。

梁光明成熟稳重、博学多识，三毛对他十分钦佩。多年之后，三毛再次回忆起这段感情时，仍然记忆犹新，因为它是那般炽热而美好。

每一段感情刚开始时，痴男怨女们都是那般紧张而惶恐，惴惴不安地渴求爱意。然而，也并非每个人都有三毛的胆量和勇气，敢于轰轰烈烈地谈一段电光火石般的爱情。

梁光明并不是不喜欢三毛，他只是需要时间去接受三毛的爱，因为她的爱来得太突然，也太炽热，就好像一杯醇香浓烈的白酒，让胆小的人不敢轻尝。可是懂她的人、有心的人，只是闻到酒香就会微醉，轻抿一口便决意不醉不归。

会写诗的人肯定有自己的过人之处，不一定聪明过人，但肯定是心细如尘，眼眸之中多了几许梦幻。三毛的魅力如同一阵席卷了花香飘散而来的清风，给人以清爽和迷醉。梁光明终于是喜欢上了这阵清风，即使他摆出高傲的姿态，装作不在乎，可他对三毛仍旧是充满了好奇。况且，他本身就是个喜欢浪漫和渴望新奇的诗人，所以他最终接受了这段感情。

三毛的青葱岁月如愿以偿地得到了才子的陪伴，才女和才子终日携手揽腕漫步在校园之中，花前月下，谈论着文学和戏剧。轻诉于耳畔的情话如同一首首深情的诗歌，浪漫而不失才情。他们成为校园里的金童玉女，一起在长椅上看晚霞，一起在月光下弹吉他，那么多的情意绵绵。两人共享着这份人间风雅，美妙如歌，梦幻如画。

初尝恋爱滋味的三毛，感受到了爱情传达出来的每一丝讯息，哪怕只是很细微的甜蜜瞬间，她都不会放过。她用美妙的文字将每一种感受写了下来，此时的文字和当年的《惑》比起来，显得缓慢而灵动，有一种似清流滑过心头的淡雅之感。

此时三毛的文字不再是雨季的朦胧和惆怅，而多了斑斓的色彩和潇洒自如，让读者看到了一个更加开朗细腻、快乐积极的三毛。三毛开始丰富自己的文字，尝试不同题材的写作，除了尝试散文，她还写起了爱情小说。那字里行间的心理描写丝丝入扣，细腻温婉，尽显少女的柔情羞涩。

“结婚”的提出让恋情走向终点

学生时代的恋爱是甜美的，没有压力，不用过多去思虑。可毕业之后，童话般的生活结束了，开始面对现实问题，而现实显露出来的大多时候是残酷。

每个爱情故事都会有个结局，不管主角愿不愿意接受，这个结局都会出现。三毛在甜蜜的爱情的滋润下，将这种美好与甜蜜尽书于纸上，可让她万万没想到的是，这段感情并没有像她憧憬的那样有个幸福美满的结局，而是像众多在现实面前无奈分手的情侣那样，夭折在了青春的隘口。

三毛太想结婚了，可两年美妙的恋爱时光就这么悄无声息地过去了。一转眼，梁光明就面临着毕业后的现实问题，这让沉浸在恋爱的蜜糖中还没醒过味儿来的三毛突然惶恐了，她开始失眠，想象着男友弃她而去另觅新欢的场景。这种景象想得多了，就变成了一种病灶，时不时发出一些危险信号。

对于男人而言，往往是事业重于一切，他们想要在事业上先扎稳脚跟，再来考虑爱情的命题。而对于女人而言，感性会带给她们更多痛苦，特别是对于那些没有生存能力的古代女性，她们要依靠男人而活，只能是男人的依附品，没有自主权。这种持续了两千多年的封建思想延续至今，女人们仍然要为奋斗后的代价买单。

恋爱中的三毛开始变得胡搅蛮缠，她不会隐藏自己的感情和真实想法，她从来都是脑子里一有什么想法，就立刻对梁光明说出来，她期望梁光明可以给她肯定的回答。可惜梁光明没有，他的沉默让三毛感到绝望，仿佛美丽的花朵经过霜打后的萎蔫。

于是，三毛准备好了出国留学的护照和机票。她让梁光明做出决定，是继续和自己在一起，还是让她独自出国留学？说得直截了当，她就是这么简单干脆的人。可能是三毛太爱梁光明，也可能是年轻人血气方刚，总之，三毛抛给了梁光明这一两难的抉择。

可是，梁光明不敢直视三毛那犀利的目光。多年来，三毛承受了太多的惶恐和不安，那种感觉又怎是梁光明可以体会得到的？她渴望成为一个男人的妻子，渴望被人深爱，渴望前所未有的安全感。可是一切，都随着梁光明的毕业被打破了。

梁光明更多的是无奈和惋惜，他只是个学生，他即将毕业，他即将承受着来自家庭的重担，他需要思考的时间……总之，他需要事业。在梁光明眼中，此刻的三毛有些无理取闹，是不善解人意的，现在的自己哪有什么资格谈婚论嫁，又用什么把心爱的女人娶回家？两颗相爱的心、一段完美的恋情，终究抵不过现实。

一个凄凉的夜，小雨淅淅沥沥地下个没完，空空的房间里，两个相爱的人抱头痛哭。梁光明也很爱三毛，可是他却无语凝噎，看着三毛抱着他的腿默默地流着泪。三毛在等梁光明的一个许诺，只要他肯许诺，三毛就会留下，可是他没有……

天亮以后，梁光明在雨中转身离开，同三毛无数次在梦中梦到的一样决绝。三毛抬头看天，不让泪水流下来，她的心随着梁光明离去的步伐点点碎裂。此刻的台北在三毛的心中就是个让人伤心的地方，是时候离开了。

三毛决定去西班牙，到那个没有梁光明的地方，把他忘记。三毛的父母内心充满了担忧和焦虑，其实在此之前，父亲陈嗣庆就暗示过女儿，他觉得女儿的逼迫方式过于激烈，根本不会带来好的结果。可血浓于水的亲情纽带让他无条件地默许了女儿的做法，对于女儿的每个疯狂决定，他都会予以尊重和支持，这似乎是他这个做父亲照顾小女儿的独特方式。事实上，父亲陈嗣庆也明白，即使他要管，也管不了，因为三毛是那样任性。

三毛不敢看双亲眼里的泪水，此刻的她有些后悔了，她强忍着泪水并露出笑容，用平和的方式和亲人道别。倔强的三毛明白，话一出口，便是覆水难收，她必须走。就这样，在亲人们依依不舍的送别的长亭外，三毛走了，踏上了新的征程……

台北成了伤心地，远赴西班牙

西班牙是三毛的梦中情人毕加索的故乡，也是她梦中的第二故乡。从十三岁开始，她就疯狂地迷恋上了毕加索，对他的画作顶礼膜拜，想象着自己成年之后可以嫁到西班牙——一个美丽浪漫且富有情调的地方。三毛读大学的时候接触过西班牙古典吉他的音乐，她一直都觉得西班牙好像离自己很近，仿佛自己去过那个地方，还发生过什么事，有一种似曾相识的感觉。那儿的田园牧歌、小白房子、一望无际的葡萄园……似乎她都已去过。

三毛终日流连在马德里的咖啡馆、舞会间，或者听一场没什么意义的轻音乐会；或是学着当地土著在腰间别上酒袋，在狂欢舞蹈时，从一个人手中流转至另一个人手中，一直到酒袋里的酒被喝光，她就会筋疲力尽地叼起烟卷，狠狠地吸上几口，醉眼迷离地走回宿舍。

此时的三毛如同花海之中的美丽蝴蝶，终日闲散地飞来飞去。马德里的人非常热情友好，即使家里不给她生活费，她也可以凭着白面包和自来水活得很好。就连生病牙痛，她都可以哄得医生免费给她打麻药。马德里对三毛而言如同天堂一般，她在这里渐渐淡忘了过去，忘却了梁光明……

一天，三毛在咖啡店喝咖啡的时候，突然意识到自己已经很久没有想过梁光明了，她反复思忖自己究竟是在什么时候把他忘记的，可最终也没能想起来。于是三毛不再去想，她决定在马德里开始自己的新生活，因为她还有很多事要做。可能冥冥之中自有天意，在不知不觉中撒下了新的爱的种子，等待新的萌发、生长、绽放，结出不同的果实。

第五章

花蝴蝶戏游人间：物质与自由间的徘徊

“蛮横”建立起来的威信

到了西班牙留学，三毛住在天主教修办的女生宿舍“书院”之中。这个住处便宜且清净，是个不错的修哲学的好地方。不过，马德里的肆意触动了三毛灵魂深处的野性，她仿佛变了一个人，从大学时期沉静的三毛变成了颇具野性的女人。

和她住在一起的几个舍友都非常活泼，几个女孩子常常一起讨论穿着打扮，而且都有男朋友，一到夜里就不见了踪影。三毛有着东方传统的善良和忍耐，她毫无怨言地担任起打扫宿舍卫生等生活琐事，慷慨地将自己的化妆品借给别的女孩子。可是，她的行为并没有得到其他同伴的尊重，大家反而觉得这一切都是她应该做的。

终于，三毛爆发了。一个冬季的夜晚，几个女孩子在宿舍里偷偷喝弥撒用的甜酒，院长突然冲了进来，可能是受地方主义的影响，他只是一个劲地责骂三毛，问她为什么引诱其他女孩子们喝酒，问她为什么偷偷卖避孕药……面对这一系列的“诽谤”，三毛忍无可忍，拿起扫帚冲着女孩子和院长一通乱舞，气愤地大叫："让你们再欺负我！"

院长就这么被三毛踹了一脚，随后便有女孩子跑过来抱住三毛，却被她一胳膊肘杵在了地上。发怒的三毛如同脱缰的野马，使出浑身力气横冲直撞，一时之间，竟然没有人能抵挡她的疯狂，她就这么将一宿舍的人打跑了，然后双手叉腰地站在原地气喘吁吁，看着凌乱的宿舍，体会着胜利的喜悦。这是继成功忘却梁光明后的又一次在意志上的自我战胜，从今往后，再也没有人敢欺负她了！

自从和室友大吵一架之后，三毛不再隐忍，而是原形毕露：每天早晨不铺床，什么脏东西都丢在地上，开门就走；以前听唱片的时候，总是顺着别人的意思，不抢唱片机，可自那之后，她居然借来中国京戏唱片，天天放个不停；以前电话铃响了之后，她会放下书跑着去接，可现在即使电话响一下午她都不会去接……

本以为自己这么任性会遭到大家的排斥，她们会合起伙来让自己滚蛋，可是却没想到，她们不仅没有让她滚，反而跑过来拍她的马屁。早饭会有女同学给她送过来，头发会有女同学帮她卷，下雨天会有人给她找来雨伞……

就这样，三毛和院长僵持了快一个月。一天深夜，三毛正在图书馆里看书，院长悄悄走上前来，轻声说道："等你看完书可以来我房间一下吗？"三毛便合上书走到了院长那个美丽的小卧室里，那里一向是她的禁地，可是那天晚上，她却邀请三毛过去，还准备了点心和红酒，亲自给三毛倒了酒。

院长心平气和地对三毛说："以你的行为本该被开除，可是我不想闹到那个地步，我们今天就和平解决这件事吧。"

三毛："卖避孕药的不是我。"

院长："打人的总是你吧？"

三毛："是你先冤枉我的。"

院长："我知道是我冤枉了你，但你可以解释啊，用不着发那么大的脾气吧！"

三毛就这么看着院长，没说话，喝了口酒。

院长："和平了？"

三毛："和平了。"

院长和蔼地亲吻了三毛的脸颊，塞给她很多块糖，便让三毛回宿舍去睡觉。

通过这件事，三毛明白了中国那一套教养、美德在这里是用不上的；在这里，只有蛮横才能建立威信。此后，三毛在这个宿舍里度过了非常愉快的时光。

对东方女人情有独钟的荷西

在西班牙南部的哈恩省，背倚雄壮连绵的比利牛斯山麓，每家都拥有大片美丽繁茂的橄榄林，庄园林立，物产富饶。微风拂过，树叶如同波浪般跌宕起伏，发出“沙沙”的声音，似乎在传递着某个爱情故事。这里人信奉天主教，他们善良而友好。

不过荷西并不是在这种氛围下乖巧长大的男孩，以西方的思维方式来说，过于乖巧的男孩是缺乏创造力的，西式的家庭并不喜欢培养出书呆子一样的后代。荷西是家中八个孩子中最顽皮的一个，经常在全家人默念弥撒的时候消失不见。顽劣的荷西并不爱自己的家庭，可能是因为家里的姐妹众多，而排在第七位的他，并没有享受过多少疼爱。荷西曾经尝试过多种方法引起父母的注意，比如故意考得很糟，或是和玩伴一出去就是一整天，他希望父母着急，哪怕是气急败坏也好。可事与愿违，父母经常因为孩子们的各种问题忙得焦头烂额，根本顾不上他。荷西的小伎俩几乎从来没有吸引过父母的注意力，他也就慢慢地放弃了继续争取。

原本荷西和三毛没什么交集，只不过荷西十三岁的时候突然对身边的人说，将来想娶个黑头发、黑眼睛的日本女子为妻。这倒是和三毛有着相似之处，因为三毛也曾在十三岁的时候扬言要嫁给西班牙人为妻。这个共同之处将在日后被他们无数次地拿出来当作笑料，给他们并不漫长的相守岁月增添了几分欢乐。似乎一切都是天意，冥冥之中有一根红线将两人系在了一起。

荷西英俊挺拔，家境富裕，受到很多女孩的喜爱。西班牙的热情女郎频频向他示爱，可他却对神秘的东方女子情有独钟。虽然没有碰到日本女子，可他却遇见了三毛，毕竟日本人和中国人在外貌上没有多大的差别，于是荷西就这么对三毛一见钟情了。

在马德里，很难遇到这样一位散发着神秘优雅气质的中国女子。三毛身上时刻散发着东方女子特有的妩媚、诗意和矜持，带着一股孤傲和清冷的气息，又是那般自由自在、随心所欲。三毛有时候乖乖在学校里听课，有时候跑到修道院里胡闹，有时候去校外打零工，有时候用优美的文字诉说情怀……百种风情，让人捉摸不透。可她停不下探究的脚步，她就是靠着这种不羁而有趣的方式走在绚丽的人生路上，向世人展示出一个与众不同的她。

每天晚上，宿舍楼下都会聚集很多年轻的男孩，对着楼上心仪的姑娘唱情歌，而这些曲目大都是唱给一个叫“Echo”的东方姑娘听的，她就是三毛。连三毛自己都不知道为什么突然就这么受男孩们的追捧，她从未修饰过什么，不过是以自己喜欢的方式生活。可恰恰是她那随意的姿态，吸引了无数男孩们的眼球。

三毛的生命中流淌着流浪者的血液，装着诗人的浪漫，以及东方女子天生的缜密而细腻的心，一双艺术家的美妙的巧手，一张桀骜不驯却透出缕缕柔情的脸。这么完美的结合体，将她变成了上帝的宠儿；这么美好的生命，怎么能孤寂地过下去呢?

一个圣诞狂欢夜，基督教徒和天主教徒共同在这个城市庆祝他们的新年。那晚，三毛在一个中国朋友的家中过节，到了零时零分的时候，朋友们即将和邻居们举杯，说一些祝福语和新年愿望。三毛也入乡随俗，本来她就是个喜欢凑热闹的人，她喝着酒，笑得非常开心。突然，楼上跑下一个男孩来祝福平安，看到这个男孩的时候，三毛突然感受到自己的心跳加速，目光一时间竟移不开了，这个男孩就是荷西。

荷西的俊美活泼一瞬间打动了三毛的心，可也就是那一瞬间的感觉。她并没有产生想要恋爱的欲望和冲动，毕竟她已经过了以美男子为爱情满足的年纪了。随后大家一起饮酒、聊天，三毛也就慢慢忽视了荷西的突然闯入。

不过荷西并没有忘记她，他仿佛找到了自己生命中期盼已久的天使。他是个没有安全感的孩子，在看到三毛之后，他的心灵似乎找到了归宿，一见钟情就这么发生了，他爱上了这个混在金发女郎中间的黑头发、黑眼睛的中国女子。一见钟情是个让人难以捉摸的过程，它是那么神秘而奇妙，将两个完全陌生的人拉拢在一起，好去演绎一场轰轰烈烈的爱情。

和“表弟”一起开心玩耍

自从圣诞节的邂逅之后，荷西便开始沉浸在第一次看到三毛的惊喜之中，可三毛并没有产生同样的感觉，她虽然觉得“表弟”长得很英俊，甚至觉得有女子能嫁给他是一种福气，可她自己并未动过爱情的心思。因为当时的荷西太小了，还不满十八岁，只是一名高三年级的学生。

荷西平时是个外向活泼的男孩，再加上颇受女孩的欢迎，所以在追求女孩方面还是颇为自信的。可是，自从他见到三毛后，竟变得羞涩而局促起来。他经常到中国朋友家中做客，为的就是等待三毛的出现。三毛是他心目中的女神，他不敢表达自己的爱意，生怕吓跑这位可爱的姑娘。

就这样，三毛再到那位中国朋友家中做客的时候，毫无例外地遇到了“表弟”，也知道这个“表弟”很会玩。公寓后面有个棒球场，荷西经常在那里教三毛打棒球。三毛没玩过这种球，一开始表现得很笨拙，不过荷西却很有耐心，他不厌其烦地给三毛讲解示范，而且欢快地帮三毛捡球，生怕累着自己心爱的姑娘。聚会结束之后，荷西骑着摩托车带着心爱的姑娘享受起风驰电掣的感觉，两个年轻人听着路人的惊叹和咒骂声，不仅不生气，反而大笑着扬长而去。

荷西的殷勤让三毛很是开心，荷西看到自己被心爱的人需要便越发地卖力讨她欢喜，后来竟逃起课来。西班牙语里的“表弟”是戏谑的意思，指的是男子对女子的美丽动了情。一天，三毛正在宿舍里休息，同宿舍的女生开始起哄：“表弟来了，表弟来了！”三毛的脸立刻羞得通红，赶忙跑下楼，看到荷西手中攥着一支铅笔，靠着电线杆站着冲三毛微笑，露出一嘴雪白的牙齿。荷西挥挥手中的钱，认真地告诉三毛，他有十块钱，能买两张电影票，不过没有多余的乘车的钱了，两个人只能走着去电影院。

荷西非常紧张，因为他担心三毛会拒绝自己，不过三毛却开心地答应下来，和荷西一起走着去了电影院。三毛早就忘了那场电影讲的内容了，可那次看电影的经历对荷西而言却是印象深刻的，他永远都记得那次看电影时心头滋生出的甜蜜和纯净。坐在身旁的三毛不知道，整场电影下来，这个羞涩的大男孩都在犹豫着要不要抓住她的手。他听人说过，东方女子的手是不能随便牵的，于是便自顾自地懊恼着。

为了能够牵起三毛的手，荷西暗自努力着，只不过真正美好的感情哪能那么容易就得到。当时的三毛不过是没心没肺地享受着荷西的殷勤，可慢慢地，她也觉察到了“表弟”的不对劲儿了。平时下午应该有课的，可荷西却常常出现在宿舍楼下；独自在外求学的少年身上并没有什么钱，可他却愿意为了心爱的女子买礼物，渴望和她共度美好的时光。荷西百般煎熬，不过还好，三毛热爱拾荒，可以解决荷西的囊中羞涩的尴尬，荷西也很愿意陪着三毛去捡垃圾，并伺机照顾着她。

荷西一直以为，三毛的不拒绝就等同于接受，终于有一天，他鼓起勇气向三毛求婚，希望三毛可以给自己一个家，给他在家里做饭、生孩子，他希望自己每天下班之后都能看到心爱的太太。玩意正浓的三毛一时间觉得不知所措，她不曾想西方人的豪放和热情背后，竟然隐藏着浓浓的爱意。她从来都没打算在这样的年纪将自己交出去，她来西班牙的目的是疗伤，过着无拘无束的生活，尽情地放纵自己。她还没玩够呢，怎么能结婚！

三毛拒绝了荷西诚恳的求婚，他太年轻了，年轻到不足以让她相信他懂得什么是爱。三毛实在不忍心直接拒绝荷西，因为就在一年前，同样的场景也曾发生在她的身上，这个痴情的大男孩说出这番话语的时候，三毛忍不住想要流泪，她真的不忍心让荷西受自己曾经受到过的伤害。

就这样，三毛叹着气对荷西说，按照中国的传统方式，不赞成女方比男方大太多，她比荷西大了六岁，是不吉利的。荷西让她等待他大学四年、兵役两年，她对此也是没有信心的。她安慰荷西，告诉他不要将自己的大好青春浪费在自己的身上。

听到三毛的话，荷西非常伤心，他问三毛，自己究竟做错了什么？三毛让他一直向前走不要回头，她会在身后看着他离去。荷西觉得自己的心一直在下沉，西方男孩的自尊让他最后来了个小幽默，他笑着对三毛说："Echo，我会听你的话，我不会再纠缠你，如果你相信，请等我六年吧。但是现在，让我一直看着你的脸，选择我自己的离开方式吧。"

荷西朝着三毛挥了挥手，向三毛吻别，一遍遍在自己的胸前画着心，面向三毛后退着走路，他满脸笑意，却是热泪盈眶，一遍遍喊着："Echo，再见！ Echo，再见！"那天，马德里突然下起大雪，雪花飘落到荷西的身上，他突然转身跑开了。三毛看到荷西的身影越来越小，直到消失，泪水也是止不住地流了下来，她在心中默默地对荷西说道："对不起，荷西，我的心已经空了，你我不过是彼此的匆匆过客。"

二十四岁女孩的恋爱游戏

或许，三毛的内心深处对荷西也是藏有一份爱意的，只不过她自己没有察觉，就像当初她的热烈，险些吓到梁光明一样，三毛只是需要时间接受罢了。为了不让荷西对她再次产生依恋，三毛开始了自己的恋爱游戏，打发无聊的时间。

此时的三毛已经二十四岁，在过去的岁月中，她经历了太多感情的不顺，只有父母和顾福生给予过她温暖。

如今的三毛如同一只花蝴蝶，在马德里的花海之中肆意飞舞，扇动着美丽的双翅；在爱慕自己的男人之间徘徊，享受着爱情和青春。不过对于这些人的爱情，她不会动心，也不会伤心。

日本人、美国人、英国人……着魔一般追求着三毛，她的宿舍里摆满了各式各样的鲜花。二十四岁的三毛年轻而贪玩，喜欢享受丰厚的物质生活。她挑选日本男人做自己的男朋友，因为那个男孩的家境丰厚，在马德里开了家最豪华的餐馆，对三毛极尽宠爱，每天都送来鲜花、巧克力、漂亮的衣服，体贴而浪漫。

一天，日本男人将一辆价格不菲的豪华轿车作为订婚礼物送给三毛。直到这一刻三毛才醒悟过来，自己只不过是在玩恋爱游戏。她看了看眼前的这个男人，发现自己根本不爱他，即使他家境富裕，百般照顾自己，可她仍然无法接受他。三毛只知道享受爱情的滋味，却忘记了这滋味背后仍是需要自己买单的。一瞬间，她的泪水夺眶而出。

梨花带雨的场景让日本人变得不知所措，他赶忙责备自己考虑不周太过心急，他希望三毛可以原谅自己的唐突，同时表示自己愿意等到三毛下定决心之后再考虑结婚的事情。三毛如同遭遇赦免一般，仓皇地逃离了日本男人的怀抱，跑回了宿舍。从那以后，三毛再也没有和他来往了。

当时的三毛非常花心，享受着自我放纵的生活。在马德里留学的这三年里，她已记不清自己换过多少男朋友，一直享受着被人疼爱、包容的生活。这些爱情，以及刚刚萌动的对性的释放和渴望，为三毛日后的作品奠定了基础。

和德国男友踏入西柏林

三毛在马德里的最后一个男朋友是个德国人，他是学校里出了名的书呆子，每天都忙于工作和学习，三毛非常喜欢他那双蓝色的忧郁的大眼睛，就仿佛沉静的大海，给人以安宁的感觉。这位德国男朋友如同父亲一般督促着她学习，她自己也觉得是时候沉下心来学些东西了。虽然她读的是哲学，可却从未思考过自己的人生。

各种复杂的问题接踵而来，骨子里还存留着一点浪漫天性的三毛随自己的德国男友来到西柏林，和男友一同在他的故乡进修学业。凭借马德里大学哲学院的结业证书，三毛申请了在西柏林自由大学继续学习哲学专业，不过要求得先拿到歌德学院的德语合格证书才能入学，就这样，三毛开始疯狂补习德语。

西柏林的历史和政治背景非常复杂，不过并没有影响到它的经济发展。三毛的学校就位于最繁华的 KURFURSTE—DAMM 大道上。这条大道不仅是西柏林的商业中心，同时也是艺术家们工作游乐的街市。数十家百货公司矗立在这条大道上，每天，大楼下面都是来来往往的车水马龙。每天清晨，三毛都会提前一站从公交车上下车，就是为了可以在百货公司逛一圈，然后直奔学校。

西柏林的消费比马德里高很多，尽管三毛的父亲每个月给她增加了五十美金的生活费，可仍然满足不了她的生活需求。于是，三毛将更多的精力放在了学业上，并拿到了歌德学院的德语合格证书。这多亏了德国男友将自己的学习经验全部传授给三毛，甚至让她在睡觉的时候也戴着耳机收听德语节目。可这种高强度的学习方式使两人的约会时间越来越少，这让三毛非常不开心。

在德国苦修的那段日子里，三毛埋头苦读，窗外经常下起鹅毛大雪，周围一片死寂，和她的心一样死气沉沉，没有一丝欢声笑语。独在异乡为异客，情人又那么不懂浪漫，只知道一味地学习，再加上经济拮据，让三毛觉得无趣而疲惫，终日借酒消愁。

三毛是个生性浪漫的人，喜欢无拘无束的生活，需要感情的慰藉，想要逃避一切的压力。刚到西柏林时的新鲜感早就没了，如今的西柏林风情在她眼中已如完美的雕塑一般，看久了，也是腻了。

她那颗悸动的心已经无法安静下来，她终于在一次和德国男友的争吵中愤然离去。因为德国男友竟因她的成绩不理想而像父亲那样唠叨了整整一个星期，这让三毛实在受不了了，于是她直接到东柏林的朋友家去过圣诞节了。旅行的过程中，三毛已经忘记了愤怒，她那带有诱惑的眼神一下子吸引了给她办理签证的英俊的军官，军官寸步不离地跟着她办理各种手续，手续办完后，三毛又有了一次艳遇的经历。

不过不管是艳遇还是邂逅，终究是不能挽留住她那颗渴望自由的心。她明白，只要缘分未到，她就只能继续流浪，流浪……

不好惹的中国妞儿

三毛到德国的时候，申请的是类似宾馆的男女混住的宿舍，三毛分到的房间在长走廊的最后第二间，这里没有舍监，让三毛觉得自由了不少。一开始搬进去住的时候，那里的最后一间是个空房，没几天就搬进来一个金发的冰岛女子，人很冰冷，去厨房做饭的时候只和男同学说话，不怎么待见三毛。

三毛仔细打量了那位女子，她穿着当时很流行的迷你裙，深色丝袜，三毛给了她一个微笑，她却直接回了三毛一个大大的白眼就走了出去。

当时三毛正在夜以继日地补德文，根本没时间过多地在意这件事。过了两三个月后，那位来自冰岛的女子交了大批的男朋友，自此，三毛的安宁日子也到头了。这个“冰美人”见到男朋友们就融化成了温柔的水。她隔三岔五地抱着一大堆啤酒和零食在房间里开狂欢会，经常放着嘈杂的音乐，夹杂着男女兴奋的尖叫声、追逐打闹声。很快，三毛就被吵得有些神经衰弱，无法好好念书了。

三个月之后，那位“冰美人”不仅没有收敛，反而变本加厉，来往的男朋友很杂，根本不像学校里的男同学。她怎么挥霍自己的青春，三毛管不着，也没心思管，可是她的吵闹影响到了三毛的学习和考试，这三毛就得管管了。

那天晚上，三毛打开笔记本准备复习功课，可是吵闹声让三毛一个字都看不进去。三毛抬头看了看表，已经夜里十点半了，还不可以抗议，她就静坐在那里等待脱衣舞的上场。到十二点半的时候，三毛走出去敲隔壁的房门，她不开，三毛就再敲，她高兴地问道：“是谁？进来。”三毛推开门，看到里面挤着两男三女，赤身裸体，三毛找到那位冰岛女生，对她说：“你能不能小声点，已经夜里十二点半。”谁知那位冰岛女生怒气冲冲地将三毛推了出去，随后将门关上，里面的锁“啪”地一声扣上了。

三毛并没有因此而破口大骂，也没有再去敲对方的门，因为她心里清楚，对于这种人，打架是没用的，因为她没有西班牙人的忠厚老实。那天，冰岛女生吵到天亮才停止，三毛终于有时间闭眼休息一会儿了，旷了两堂课去学生宿舍管理处找学生顾问。那是一位中年律师，只有早晨两个小时的时间在办公室里帮学生处理问题。

那位学生顾问问三毛：“你说你的这个邻居骚扰你，但是我们为什么没有接到其他人的投诉呢？”

三毛回答道：“很简单，我们的房间在最后两间，中间隔着六个浴室和厨房，之后才是其他学生的房间，我们楼下是空着的交谊室，她这么吵只有我一个人能听得清楚。”

学生顾问继续说道：“我知道她这么做是违反规定的，但是我们不能因为你一个人抗议而让她搬走，而且我们不能轻易相信你的话。”

三毛狠狠地盯着面前的人，对她说：“这就是你的答复吗？”

学生顾问回答道：“到目前为止是这样的，再见，日安。”

一个星期之后，三毛又找到那个学生顾问，她径直坐到那位学生顾问的对面，开始播放录音笔中的内容。那位学生顾问听完之后，立刻叫秘书小姐走进来，口授一份文件，之后问三毛：“你愿意在上面签字吗？”

三毛拿起那份文件看了看，很多文字都看不懂，一一问明白之后才签下自己的名字。

学生顾问说：“我们开会提出讨论，结果会公告。”

三毛问：“她会搬出去？”

“我想这个学生是要走路了。”学生顾问叹了口气说。

“贵国的学生很少有像你这样的。他们通常温和谦恭，成绩很好，安静，小心翼翼。以前我们也曾遇到过这种事情，两个人共住一个房间，一个来自中国台湾的学生，在同一个房间里，另一个带女朋友同住了三个月他都没有抗议，我们知道这件事后叫他来问，他却笑着说没关系。”

三毛听到这句话后恨得牙痒痒，恨那个外国人和自己过于善良的同胞。不过她还是平静地问道：“我的事什么时候能解决？”

那位学生顾问回答：“很快的，我们开会，然后请这位冰岛小姐谈话，将录音带存档就可以了。”

“好，谢谢您，不再烦您了，日安！”说完，三毛重重地和那位学生顾问握了握手。

过了一个星期，那位来自冰岛的女生搬走了，事情解决得很顺利。这件事过去没多久，三毛在宿舍附近的学生食堂排队吃饭的时候就听到有人在说中文，三毛很自然地转过身，看到两个女同胞在间隔三五个人的队伍中，三毛朝着她们微笑，其中一个却紧张地问道：“哪里来的？”另一个神秘兮兮地回答：“西班牙来的。”“你看她那条裙子，好奇怪啊……”“别这么说了，人家来了没几天就出风头了，和隔壁房的同学吵架，也不想想自己是中国人……”“你是怎么知道她的事情的？”“学生会里说的，大家商量了很久是不是劝劝她以后别这么没教养，这么小的事情还要去告！再说了，她自己还和德国同学出去呢！”三毛听到同胞在背后议论自己，恨不得跑过去骂她们一顿，可是她没有。因为她明白，对洋鬼子不能忍，但是对自己的同胞必须忍！

初到美国的诸多不顺

三毛有很多个梦，她热爱旅行，想要在旅途的风景中遗忘过往的忧伤。离开亲戚朋友，去没人认识自己的地方，放纵自己。

三毛虽然两手空空地离开了，可是此刻她的内心却无比沉重。城市里灯火通明，可终究遮不住暗夜。朦胧夜色之中，一个女孩，喝着酒，泪眼婆娑，头脑却是十分清醒。

多年来的旅行让三毛看尽美景，有过无数的邂逅，这让她迷失在爱情的渡口。她体验过高山的伟岸，也感受过大海的一望无垠，熟记过书本中的真爱道理，清楚最浪漫的台词。可是，她已经忘记了什么时候心动过，也记不清离别的原因。虽然忘记了旅行的次数，可她每次都记得买纪念品。她开始拥抱热情的岛屿，将记忆埋葬。

从马德里到德国，聚散匆匆，三毛生命中的几次恋爱如绚丽的烟火，虽然耀眼，却迅速消逝。再次流浪，三毛来到了美国，她就读的是芝加哥城的伊利诺斯大学，申请到了主修陶瓷的机会。她投奔美国的堂兄，没想到却遭受了奚落。

因为当时堂兄的生活状况也不是很好，对于三毛这个连生活能力都没有的“累赘”很是嫌弃。看到堂兄那一脸嫌弃的表情和时不时冒出的冷言冷语，三毛负气离开，后来在美国的日子里再未见过堂兄。

到了美国没多久，三毛就在一家图书馆找到了工作，负责将各国图书进行分类。这个工作三毛干得非常顺手，在此期间，她和两个大一美国女生合住一套公寓中，还曾有过一次奇异的经历。

二十八岁是熟女的年纪，三毛已经不再热衷于穿着打扮，而是到了累积沉淀的年纪。三毛并非恪守于传统美德的好女人，不过心里还是有道德底线的。

一天晚上，三毛很晚才回家，可却发现钥匙打不开房门了。她听到屋里播放着喧闹诡异的音乐，将耳朵贴在门上听到了人声，偶尔夹杂着梦呓般的呢喃。三毛很是疑惑，里面有人啊，难道听不到敲门声吗？于是，三毛继续敲门呼喊，过了好久，才走出一个女孩为她开门。

门开了后，三毛看到一个全身赤裸的女孩，眼睛与私处涂着银粉，她漠然地看了三毛一眼，转身走进房间。进门之后，三毛发现这里居然有二十几位年轻男女赤裸身体，如同动物的尸体一般，横七竖八地挤在一起，叼着烟卷喷云吐雾，屋里到处都是白烟。三毛知道，他们在抽大麻，以前三毛也听说过抽大麻乱交的事情，可真正亲眼看到的时候，她还是非常吃惊，在她心里，性是一件非常私密的事情，怎么把这种事情做得如此公开。没过多久，三毛就搬离了那所公寓。

不同凡响的美国人

三毛一直都有晚上阅读的习惯，从那所公寓搬出来后，三毛搬到了一个小型学生宿舍里，在那里她遇到了很多用功学习的外国女孩。

住在她对间的女孩是个正在读教育硕士的学生，踏实而用功，她每天晚上都要做功课。三毛是静的，她是动的，因为她要打字。那个女孩几乎每天晚上都会打字到两点，三毛觉得这个女孩做事很认真，是少有的刻苦学生，打心眼里赞赏她。打字也是一定要做的事情，所以三毛并未放在心上。可是后来三毛发现，自己只有在她晚上“收班”之后才可以静下心来看会儿书。

一直以来，三毛都在维持着这个夜程表，没有要去和她计较的意思。一天晚上，那个女孩打完字后，三毛还在看书，那个女孩却走过来敲三毛的房门，门一开她就质问道：“你不睡，我可要睡，你门上的毛玻璃透过来的光让我睡不着，你不知耻，非要等人告诉你的时候你才明白是吗？”三毛回头看了看书桌上亮着的小台灯，觉得它实在不能强到妨碍别人整夜睡眠的程度。三毛叹了口气，静静地看着她那张美丽而僵硬的脸。

“你不是也打字吵我了吗？”

“但是我现在打好了，你却不熄灯。”

“那么刚好，我不熄灯，你可以继续打字了。”

说完三毛将门轻轻阖上，挡住了那张僵硬冰冷的脸，从那之后，她们彼此再未说过话。

三毛在图书馆工作没多久，就有男同学约她出去。有个法学院学生约三毛下班后去喝咖啡，吃“唐纳子”甜饼，三毛答应了。等三毛下了班，就坐上在等着她的车，那个男生就将车开到了校园的湖边。停车后，他打开音响，手很自然地圈住三毛，三毛将车窗打开，替他关掉音乐，坦然地注视着对方，开门见山地说：“对不起，我想你找错人了。”他有点尴尬，问三毛：“你不来？”三毛微笑着说道：“我不来。”对方耸了耸肩膀，干脆地回答道：“好吧！算我弄错了，我送你回去。”车子开到宿舍门口后，三毛走下车，那个男生问她：“下次还出来吗？”三毛仔细地打量着眼前的这个人，实在没有什么能吸引她的地方，于是微笑着摇了摇头。那个男生却坦白地说道："三毛，你不介意刚刚喝咖啡的钱各自分摊吧？"三毛没有生气，立刻打开皮包找钱给他。在如此美丽的夜晚，两个年轻人趁着月色分账，实在不怎么浪漫。

还有一次，三毛和自己的女友卡洛一起吃午饭，她们各自买了夹肉三明治，卡洛叫了一盘"炸洋葱圈"，等三毛吃完之后准备付账，卡洛却说："我的洋葱圈吃不完了，你吃一点。"三毛就傻乎乎地吃掉她剩下的洋葱圈。算账的时候，卡洛将半盘洋葱圈的账摊给三毛。

后来三毛遇到了一对美国中年夫妇，他们没有儿女，对三毛视如己出，逢着周末或假日的时候，中年夫妇经常开车到宿舍楼下接三毛去四处兜风。

那对夫妇在山坡上建造了一幢非常美丽的大房子，而且在镇上开着一家成衣批发店。感恩节那天，三毛被邀请到他们家去吃大餐。吃饭的时候，这对夫妇满脸笑容地看着三毛，对她说："三毛，吃完饭，我们要给你一个大惊喜。"三毛边吃边问："很大的？""是，天大的惊喜，你一定会开心得不得了。"

三毛听到他们那么说，迅速地吃完饭，把杯盘放到了厨房的洗碗机中，然后煮了咖啡和他们一起喝。等大家都坐好了，老太太激动地注视着三毛，眼眶里饱含热泪，她开心地对三毛说："亲爱的孩子，我们商量了很多天，决心收养你做我们的女儿。"

三毛简直不敢相信自己的耳朵，她有些吃惊地问道："你是说领养我？"

三毛非常生气，他们决定领养自己，给自己一个惊喜，可却从来没有问过自己同不同意，只是对三毛宣布了他们的决定。

看到三毛面无表情，老太太又问道："亲爱的孩子，你不喜欢美国吗？不想做家里的独生女儿吗？等到将来我们过世了，家里的一切财产都将是你的。"

三毛被气得哭笑不得，不过表面上仍然笑眯眯的。她问道："我做你们的女儿有什么条件吗？"她是想谈谈自己的卖身条件。

"没什么条件。孩子，我们爱你，领养了你，你就可以永远幸福地跟我们生活在一起了，甜蜜地度过一生。"

"你们的意思是一辈子？"三毛有些不可思议地望着他们。

"孩子，这世界上有很多坏心肠的人，你不要结婚，跟爸爸妈妈生活一辈子，我们会保护你。做了我们的女儿，你可以衣食无忧，但是你不能丢下父母去结婚！如果你走了，我们就不知道该把财产捐给哪个基金会了。"

多么残酷的领儿防老，他们居然想用自己的财产去换一个女孩的青春，甚至还觉得自己这么做是对这个女孩的恩赐。

三毛放下咖啡杯，站起来整理了一下衣裙并说了句：“再说吧！我想走了。”这个时候三毛再看向这两个中年人的时候，突然觉得他们很丑恶，优雅的外表下居然包藏着一颗如此自私的心，虽然他们很有钱，可是他们更可怜。

冰冷的黄昏夜，外面下起了薄薄的雪雨，三毛穿起大衣，在校园中漫无目的地走着。三毛想起了刚出国时的自己，再看看如今的自己和在此期间经历过的事，内心竟觉一片冰冷。

三毛一再反省自己，为什么不管在哪个国家都会遇到和人相处的问题，究竟是这些外国人故意欺辱自己，还是自己的性格太温柔了？自己一直都希望外国人可以欣赏自己的礼教，可惜事实证明，他们在享受了自己的礼教之后，并没有回报的打算。她不再去想父母当初叮咛自己的话，她要在洋鬼子的国度里做真正的炎黄子孙。

的确，在美国的经历不怎么顺利。因为三毛无法接受那么奇怪、开放的思想，随后她又遇到了一对执意想收她为养女的怪异老夫妻，虽说这两个人很好，可却要求三毛终身不嫁。再后来，一开始嫌弃她的堂兄打来电话，拼命向她推荐自己的同学作对象……三毛厌倦了在美国的生活，于是决定回到台北享受一段时间的家庭生活。她已经离家五年了，对家乡的思念之情越来越深……

第六章

六年后的重逢：
相伴经年的挚爱

匆匆五年，重归故里

不管我们流浪到多远，故乡总是我们内心深处最向往的地方，那对故乡的思念也会随着岁月的流逝而越发真切。

三毛回来了，当初为了疗伤而四处奔走，如今重回故土，却仍然对自己的人生感到迷茫。三毛很想知道，在人生的剧本中，谁可以和她共度一生，并与她相知相伴、默契同行？她在牵挂谁，谁又会牵挂她？时间就这么匆匆流走，那颗漂泊的心却始终无法沉静。

如今的三毛已经二十九岁，在台北可以算是大龄剩女了，不用父母催促，她也知道，芳华已逝，到了该嫁人的年龄了。

刚回到台北的时候，三毛靠着同学聚会来打发时间。没过多久，便在一所学校担任起德语老师，闲暇的时候给朋友的书社里写写稿子赚点稿费。这个时候的梁光明已经结婚生子，虽然对于此时的三毛而言并不是什么打击，可心底还是有些波澜，一种遗憾流转于心间，心头好似被人掐了一下。她原本以为，不管自己曾经多么固执，不管时光如何流逝，自己在梁光明的心里都还是有一个位置的。她甚至想过梁光明可能和自己一样仍然未婚，那么自己就会去找他，请求他娶了自己。

但现实却是残酷的，梁光明并没有因为三毛的离开而持续伤心下去，他注定和三毛有缘无分。在这个孤寂的世界里，三毛用一首《橄榄树》的小诗记录下了此时内心的惆怅："不要问我从哪里来，我的故乡在远方，为什么流浪？流浪远方，流浪。为了天空飞翔的小鸟，为了山间轻流的小溪，为了宽阔的草原，流浪远方，流浪。还有，还有，为了梦中的橄榄树，橄榄树，不要问我从哪里来，我的故乡在远方……"这首小诗后来配上音乐，由李泰祥谱写成中国台湾电影《欢颜》的主题曲，一唱成名。等到三毛再次漂泊到西班牙的时候，这首歌已经红遍中国台湾，只不过她自己并不知情。

当时的三毛内心之中一片茫然，虽然已经回到了故乡中国台湾，可却不知道自己的人生目标在什么地方。自己儿时的玩伴早已成家立业，亲人也是各忙各的，没人顾得上她，如今的她，已经连个能说贴心话的人都没有了。

闲暇之际，三毛把自己的心思全部寄托在教学上，她是全校最认真的老师，对待学生非常亲切，孩子们都非常喜欢她。她在课堂上讲述自己的游历过程，是那样的离奇刺激，深深地吸引了孩子们的好奇心。

未婚夫猝死，离开中国台湾

三毛的父亲不忍看已经二十九岁的三毛孤身一人，后来亲自引荐了一位学校同行给他认识，那是位非常不错的德国教师。

第一次看到这位德国教师的时候，三毛总有一种似曾相识的感觉，可最终还是没能想起来。不过第一印象不错，两人的恋情发展也还算顺利，没过多久就到了谈婚论嫁的地步。陈嗣庆和缪进兰的心也跟着放下了，自己这位不同于常人的女儿，终于要过寻常人的生活了。

那位德国教师善良温存，收入颇丰，对三毛也是百般疼爱，算得上是个忠心可靠的结婚对象。三毛想要在这段婚姻中为自己的年轻任性画上一个句号，从此过上平平淡淡的生活。

就在三毛和未婚夫置办婚礼所需物品时，收到了荷西的来信。当时两人心中满是喜悦，正在一家桃木工艺品店门前给彼此挑选情侣配饰，弟弟却在身后喊住她，告诉她家里来了个西班牙的朋友。三毛当时并未在意，让他等到挑选完东西之后再说。然而，未婚夫却是在匆忙中把桃饰掉在地上。大概就是这个不经意的举动，或许就意味着两人注定不会有什么好的结局。三毛因此而失了兴致，两人一起回到了家中，家里来的是一同在马德里读书的同学，给她带了一封来自远方的信件。

信封被拆开，里面是一张照片，照片上是个魁梧英俊的成年男子，赤裸着上身在蓝色的海湾里抓鱼，胳膊上结实的肌肉一览无余。男子穿着迷彩小短裤，如同驻训的部队在海边即时留下的景象。当时的三毛已经辨认不出照片上的是谁，她在猜测究竟是谁要送来一张这样的照片？

弟弟也在旁边看着这张照片，突然说觉得这张照片上的人和姐夫有些相似。三毛回头看着自己的未婚夫，心中恍然大悟，照片上的人正是荷西，难怪自己当初第一次看到未婚夫时就有种似曾相识的感觉。

距离最后一次见到荷西已经有六年之久，此时的荷西已经完全变成了另外一个人，相貌和体型都发生了很大变化。在三毛的印象中，荷西仍是个羞涩的小少年，戴着棒球帽，穿着破破的牛仔裤，满脸真诚地跟在她身后。可如今的荷西，已经长成了一个迷人的男子汉，身上的每个部位都散发出成熟男性的光芒。直到此时三毛才意识到，荷西长大了，而且长得很好。

荷西在信中写道："过了这么多年，也许你已经忘记了西班牙文。可是我要告诉你一个秘密，在我十八岁那个下雪的晚上，你告诉我，你不再见我了，你知道那个少年伏枕流了一夜的泪，想要自杀吗？这么多年来，你还记得我吗？还记得我和你约的期限是六年。”

对于荷西的来信，三毛既惊讶又感动，但三毛并没有过多地去回忆过去，况且她对于荷西已经忘得差不多了。当初的六年之约不过是为了让荷西平静下来，如今的她已经准备嫁作人妇，过平平淡淡的生活。

回到屋内，三毛仍在盘算着还有什么东西没准备好，可转了一圈之后才发现自己已经记不清详细事务了，之后便和未婚夫早早睡下，聊起了自己当初在西班牙和德国游历的事情，直到晨曦初露，两个人才停止交谈，沉沉睡去。第二天早晨醒来的时候，三毛却发现未婚夫早已死去，无论她怎么呼唤他，他都再无回应。未婚夫的睡容依旧，只是面色已大变。三毛不敢相信眼前的景象，就在昨晚，两人还在温柔地谈话，如今却天人相隔，仅仅是几个小时的时间，她就彻底失去他了！她不死心，拼命地呼喊、摇晃他，家人用尽全力将她拉开，她仍然扑上去和他紧紧相拥，痛哭流涕。

求婚时的泪痕尚存，他为她挑选的信物还在，他们一起在信物上镌刻下彼此的姓名，他给她轻轻戴上……上天为什么会这么残忍，硬生生将两个即将迈入婚姻殿堂的人给拆开了。

没人知道三毛是什么时候将卧室门锁上的，也没人知道她是什么时候睡下的。三毛虽然安静下来了，可母亲缪进兰总是觉得不安。当晚，她轻声在女儿门前呼唤，可却并未得到回应，她立刻慌了神，顺着窗缝看过去，竟然发现地上有空药瓶，她一眼就看出那是安眠药的药瓶。三毛患有严重的失眠症，经常需要靠安眠药来帮助自己入睡。

母亲开始大声呼唤，已经顾不得泪水流过脸颊咸涩入口，她开始咒骂三毛为何要这么自私地放弃生命，之后一家人急忙将三毛送到了医院。三毛的父母从对三毛少女时期的痛心，再到此时的痛彻心扉，大概只有死才能让人失去痛感。尝尽了世间的悲欢离合，不如就此了却生命，从今往后再也没有那许多的烦恼。

被抢救过来的三毛的心却如同死了一般，她觉得活着可能意味着自己将承受更多的痛苦，台北真的是个给三毛带来不幸的地方。于是，三毛决定再次离开这个伤心地，回到西班牙，让那片蔚蓝的天空来温暖自己垂死挣扎的心。

再赴西班牙，重遇荷西

当再次站在马德里街头的时候，三毛已经没有了当初的新奇与活泼，她觉得自己是一只疲惫的鸟儿。对台北而言，马德里如同她的故乡，这一回她感觉自己似乎在台北流浪了很久很久，再次回到马德里，竟然有种恍如隔世之感。

一转眼六年过去，往事如烟，无论开心还是感伤，大半都已消散。在某个不经意的瞬间听到一首歌或是看到一句话，思绪被拉到回忆之中，有阳光，但也有黑暗，不经意间扯到旧伤，还会隐隐作痛。

现在的三毛比从前显得更加忧伤，身上少了锋芒，多了一分郁气。她已经不再像六年前那样放肆地在大街上抽烟，在宿舍里喝酒，在人群中狂欢，也没有心思去商场里看那些漂亮的衣服首饰。

三毛有时候会静静地站在街头，看着熙熙攘攘的人群，静静地想象着他们的内心之中是否也存在着抹不去的忧伤，如果还可以爱，她希望再最后爱一次。因为此时她的心已经千疮百孔，她有些期待爱，但更惧怕爱。她怕爱的时候不能抓住属于自己的幸福，就只能再度去流浪。

缘分会让你遇到命中注定的那个人，不管你是否愿意，总有一天，他都会出现在你面前。时隔六年，三毛虽然已经没有了当时的心境，可荷西却在一步步地靠近她，随着每一步的靠近，三毛的心都是一次震颤。

荷西还有一个月的兵役要服，但他一直在琢磨着如何做一次让三毛永生难忘的告白。可荷西太害怕被拒绝了，所以一直没有实行这个行动。妹妹伊丝帖实在看不下去了，开始主动担任起红娘的角色，她找到三毛，请求她给自己的哥哥写封信，告诉他，她的心里还有他，哪怕只是普通朋友，也可以增加荷西的自信。三毛只好敷衍地写下自己的地址。

一天下午，天气并不是很好，还有些阴沉，但这原本昏沉的下午却给三毛留下了深刻的记忆。当时三毛正坐在沙发上和朋友闲聊，突然有人要她闭上双眼……三毛是这样描述那场惊喜的："当我闭上眼睛，听到有一个脚步向我走来，接着就听到那位太太说她要出去了，但要我仍闭着眼睛，突然，背面一双手臂将我拥抱起来，我打了一个寒战，眼睛一张开就看到荷西站在我面前。我兴奋地尖叫起来，那天我正巧穿着一条曳地长裙，他穿的是一件枣红色的套头毛衣。他揽着我兜圈子，我嚷叫着不停地敲打他，又忍不住捧住他的脸亲他。站在客厅外的人，都开怀地大笑着，因为大家都知道，我和荷西虽不是男女朋友，感情却好得很。"

荷西这位痴情的西班牙汉子在和三毛分别六年后，又回到了她的身边，两人再次见面时竟相拥而泣，一会儿流泪不止，一会儿发出爽朗的笑声。荷西如同火苗，点燃了三毛那颗熄灭了的心。曾经以为最不可能喜欢的人，再次相逢的时候居然这样难舍难分，两人紧紧地拥抱在一起，久久不愿分开。经过这样深沉的拥抱之后，三毛发现，自己竟然这么渴望他的怀抱，原来他早就在自己的心里了，只是自己没有觉察到。

不过三毛却并未因此而接受这份爱，遭遇了一连串的不幸之后，三毛觉得自己是个不祥之人，担心厄运会再次降临到自己身上。而且时隔六年，她也并不清楚荷西对她的爱究竟还有多少。

荷西的确已经长成男子汉，以男人的模样出现在三毛面前，健壮、温和、有原则、有主见。经过这次见面之后，他们的感情并没有多大的进展，更多的时候像是一对好朋友，虽然再见到荷西让三毛觉得很开心，可在三毛眼中，他还是个孩子。

荷西也发现了三毛和以前的不同，大概这就是岁月的力量，磨平了一个狂傲不羁的少女身上的棱角，使她增添了几分沉着和温婉，他甚至感觉到三毛有些累了。

当时的三毛既没谈恋爱，也没读书；既没有工作，也没有钱。她一直在敷衍自己的生活，写作是她唯一的生存手段，她已经没有了过去的激情，写出的东西也少了灵气。很多时候，为了赶杂志社的任务，她将自己关在房间里没日没夜地写，已经忘记了阳光的样子，忘记了花的香气，一支笔、几张纸、一瓶墨水、几本书，借着微弱的灯光，苍白消瘦的三毛就这么奋笔疾书，笔尖触到白纸上沙沙作响。这种被动的写法让三毛感到困惑和苦恼。

一天，荷西正和三毛在公园里散步，他看到园丁站在高高的树枝上修剪枝丫，于是荷西对三毛说，如果让他选择人生，他宁愿做高高枝头上的修剪者，也不愿意被关在牢笼里争光吐绿。荷西用自己男性的强悍阻止了三毛继续进行无味的写作，直到这一刻，三毛才开始用对待男人的眼光重新审视荷西。她感受到了他那种强势逼人的男性气息，这无疑是一个让三毛感到惊喜的发现，突然间，三毛的内心多了一种无以名状的惊喜。一时间，新鲜的空气和阳光都照在了她的心房之中，他们开始谈天、说话、拥抱、并肩而行，就像当初那样。

可是他们之间并没有发展到男女朋友的关系，似乎缺少了什么促进他们在一起的力量……

无条件的相守，永恒的心

在荷西的心里，和三毛亲近是迟早的事，可他却因为没有这样的契机而坐卧不安，就好像他不管怎么努力，都始终和三毛的心隔着什么。虽然这层东西越来越薄，却始终存在着，让他无法真正地靠近她。这样的存在，让这位彪形大汉着实费了一番心神。多年后，三毛回忆起荷西说过这样的话：“荷西经常对外人夸耀说自己的妻子是个作家，可妻子写的是什么，他却根本看不懂。”

据后来三毛回忆说，真正让她接受荷西，是因为他的单纯和善良，这和她平时接触到的处心积虑的人截然不同。荷西并不在意她的过去，也不追问她的要求和打算，只是默默地守在她身边，对她给予支持和关怀。这样的事做一天容易，做一年也容易，可做一辈子却很难。

一天，三毛和荷西玩耍回来，荷西突然想带三毛回自己家，只见他表情非常郑重，三毛的心里也是疑惑重重，想着荷西究竟要带她看什么？然而，一进屋，三毛就惊呆了，她看到屋墙上挂满了三毛的照片，或坐或立，或大笑或深沉，柔和的夕阳透过玻璃窗照射在这些照片上，如同正在放映着的电影，记录下他对三毛浓浓的爱意。

尽管曾经离开这里很久，可每隔一段时间，荷西都会将一些新照片贴上去，墙壁上脱落的石灰印记是照片换了又换所留下的痕迹，满满的墙面展示出的是荷西那颗真诚的心。

一时间，三毛感动得说不出话来，她轻轻地搂住荷西，问他这些照片是从哪里找到的，她从来没给他看过自己的照片。荷西有些不好意思地笑了笑，他坦白地告诉三毛，这些照片是他在三毛的中国朋友家中看到的，就借来翻拍收藏了。荷西粗犷的外表下隐藏着一颗如此细腻的心，可见他对三毛的用情。

不过感动之余，三毛的内心之中更多的是煎熬，她痛恨自己六年前轻率的拒绝，痛恨自己六年间的复杂境遇，和荷西现在的美好形象比起来，她感到羞愧，所以她没法轻易答应荷西。她觉得如今的自己，已经糟蹋了荷西记忆中的那个美好的自己。

都说往事如烟，可三毛深知，往事如同烙铁，在她身上烙下了疤痕、印迹，并不会随着时光的流逝而消失。她曾有过那么多的过去，甚至即将嫁作人妇，性格也早已是一百八十度大逆转，得是怎样的爱情才能容忍这一切呢？所以面对眼前深爱自己的优秀的荷西，她觉得有些恍惚，甚至无地自容，任眼泪肆意地流淌，她开始不停地摇头。

荷西轻轻地对三毛说，无论她有过怎样的经历，他都愿意为她守候，如果她的心已经破碎，他愿意用自己的心和她交换，拥有她的支离破碎。三毛终于愿意将自己的心交给荷西了，这才是真正的爱情，不再闪躲，不再害怕，愿意将一切交给对方。荷西也终于得到了三毛的心，算是为他六年来不离不弃的守候画上了一个圆满的句号。

第七章

行走于荒漠：来自撒哈拉遥远的呼唤

重新勾起对撒哈拉的渴望

爱情总能带给人灵感，让人变得颇具诗意。当重新收获爱情之后，三毛内心之中又勾起了对撒哈拉的渴望，那种强烈的感觉时时刻刻影响着她，仿佛灵魂已经先她飘散到那里，等待她去追寻。

三毛开始想象着自己骑在骆驼身上，背后是茫茫戈壁，狂风席卷着漫天黄沙拍打在脸上，身上飘然质朴的布裙随着风沙随意舒展，她大声地唱着自己的忧伤，脸上却是最纯净的笑容。哪怕是死，三毛也想死在情人的怀抱之中。

荷西也有自己的前世乡愁，不过和三毛的相反，呼唤他的是大海，他对那湛蓝湛蓝的海水倾注了自己全部的爱恋。

荷西准备好船，准备带着三毛去漫游爱琴海，他的内心满是激动和向往，却发现三毛毁了他的船。三毛是火，荷西是水，三毛只想做自由自在的花蝴蝶，不愿意为任何人放弃自己的梦想。荷西沉默着流下泪水，他无法放弃三毛，只要她愿意，他可以为了她放弃大海，奔向沙漠。

荷西将自己变成一粒沙，属于撒哈拉沙漠的一粒沙，这样，他的爱人才会一直深爱着他，不愿离去。无垠的沙漠是上帝留下的净土，承载着生生世世和自由，军队、帝王、旅客都曾在上面走过，它记录下了他们的丰功伟绩和流淌的热血。沙漠代表着一代代历史的延续，一个又一个帝国被掩埋在那里，沙漠中的残忍与希望让人明白了生命的神奇和不朽。

沙漠的美妙在于：它可以指引人在惊叹、赞叹、感叹声中走向前方。大自然的杰作是那么奇妙，有沙漠的地方不一定就是荒芜和悲凉，只有在沙漠，自己的心才永远不会被搁浅。

荷西的出现是三毛之幸，最让她感到骄傲的就是踏上撒哈拉的征程。三毛曾经在撒哈拉写过五本书，而《撒哈拉的故事》就是她最让世人惊艳的一本。她把自己在撒哈拉的经历、感受，以及对生命和爱的体验都记录了下来，谱写着属于自己和爱人的传奇故事。

嫁给我，让我陪你一起流浪

撒哈拉沙漠的黄昏寂寥而悲壮，落日染红了天际，一望无际的黄沙上，大风呜呼呜呼地吹过，卷起无数的沙粒，弥漫在周围的空气中。沙漠的天是那么高，地是那么雄壮安静。血红的沙漠竟然给人一种恐怖的感觉，初冬的沙漠则更显苍凉。

为了表示自己的诚意，荷西悄悄收拾行李，先三毛一步来到沙漠，在阿尤恩城外一家磷矿公司里找了份工程方面的工作，所有的薪水都用来供应房租，他要尽可能让三毛住得舒适一些。沙漠的烈日是最让人头疼的，再加上战乱不断、种族矛盾加剧，生活在这里还是很艰难的。这里北靠摩洛哥，东临阿尔及利亚，南与毛里塔尼亚接壤，西面则是一望无际的大西洋。

荷西远离了自己一直向往的大海，但离三毛越来越近了，他在心里一直不断地问三毛："你愿意嫁给我吗？嫁给我，让我陪你一起去流浪。"

干燥而炎热的天气，骄阳似火，每天的平均日照在十一个小时以上，中午的温度高达五十摄氏度，石头都因为无法忍受烈日的炙烤而发出噼里啪啦的暴鸣声。荷西白天在吊井架下劳作，在轰鸣的雷炮声中寻找矿藏。在这里，荷西每天过着饥渴难耐的生活，因为水的价格非常昂贵，都要赶上台北一瓶可乐的价格了。荷西不舍得花钱，他想将更多的钱留给三毛，让三毛过得更舒适些。觉得渴的时候，荷西就会用舌尖舔舔嘴唇，一个月之后，嘴唇竟然被舔烂了，裂缝中流淌着鲜血。虽然如此，荷西却一点都不觉得苦。当时三毛写信给荷西，劝他回去，不要受这种罪，可荷西却如同一个忠诚卫士，一直守候在撒哈拉，等待三毛的到来。他给三毛回了信："我想得很清楚，要留住你在我身边，只有跟你结婚，要不然我的心永远不能减去这份痛楚的感觉。我们夏天结婚好吗？"

这是荷西第一次对三毛表达自己的心意，之前他一直在心里反复念叨着这句话，可却从未敢将这句话说出口，担心场合不郑重，担心气氛不好，担心三毛会拒绝。现在，在这种非常恶劣的生存环境下，在种族纷争、战争突起的情况下，他每天都在担心自己随时可能丧命，所以才会急着将自己的誓言说出来。

可能是还没到火候，也可能是缘分未到，三毛并没有立刻答应荷西。在一个神秘的夜晚，三毛翻出围墙，轻轻告别了三个室友，独自奔向撒哈拉，因为她的梦想、她的爱人，都在那儿。

三个月后的一天，黄沙和往常一样弥漫在空气之中，三毛来到这里的时候，被黄龙劲舞的沙漠所震撼，她开心地回头看着自己在沙漠上留下的脚印，一时间，她似乎觉得自己的灵魂被什么牵引着，在狂喜之下，她在沙漠里欢快地奔跑了起来。

三毛流下了激动的泪水，似乎是重新回到了时隔千百年的前世之地。三毛感觉到了脚下的黄沙从温热变成滚烫，她的心脏也跟着剧烈地震颤起来，头发、衣裙都开始向后飘去，裙裾上飞溅的沙粒让三毛觉得很痛快。

只有通过奔跑才能释放内心之中的快意，连续奔跑了很久，三毛终于停下了脚步，她转头看到了荷西，开心地释放了自己感动的眼泪。过了很久，三毛才平静下来，三毛认真地看着荷西。她看到荷西的嘴唇干裂、皮肤黝黑，头发变得一团糟，衣服又脏又破。很明显，荷西最近几个月吃了很多苦头，可是当荷西看到三毛的时候，他仍然非常开心，眼睛里迸发出异彩。这一刻，三毛终于答应嫁给荷西，她不愿意继续流浪了。荷西就这么带着三毛走进了她的前世，唤醒了三毛内心深处的记忆，三毛仿佛看到了自己的归宿和爱情。一时间，三毛竟然感觉到心有种纠痛感，荷西如同她进入前世的一把钥匙，为她打开了通向前世之门。

荷西牵着三毛的手，一起回到家中。打开门，映入眼帘的就是黑暗的走廊，墙皮由于漫漫风沙的侵蚀而脱落。荷西从背后抱着三毛，将她一步步抱回家，那是他们的第一个家。抱进去，这段路走得神圣而激情，如同一个誓言，只要将心爱的人领进家门，她就是自己的太太了。不过三毛并没有让荷西如愿以偿，而是挣脱了他温柔的臂膀，自己跑进屋子里，在走廊的尽头转身。

荷西突然问了三毛一个奇怪的问题："你要嫁一个多有钱的丈夫？"三毛回答道："看着不顺眼的话，千万富翁也不嫁；看着顺眼的话，亿万富翁也嫁。"俏皮的话让荷西有些心慌。他有些沮丧地问道："也就是说你一定要嫁个有钱人了？"荷西看了看自己租来的房子，天花板上还有个窟窿，这里的一切都和富相反。三毛坐到了荷西身边，轻声说道："也有例外。"荷西的眼睛里冒出异彩，问道："如果是跟我呢？"三毛回答道："在你身边只要吃得饱就行了。"荷西弱弱地问了一句："你吃得多吗？"三毛小心地回答道："不多，以后还可以少吃点。"两人心有灵犀地笑了起来，饱含爱情的婚姻可以没有很多物质上的东西，只要那个人是对的，一切都不重要。三毛推开想要拥抱自己的荷西，跑到厨房，残破的厨房有几副不怎么新的碗筷，水龙头还在滴答滴答地流着水。荷西还养了一头羊，为了让三毛清晨起床的时候能喝上羊奶。

沙漠里的“巫医”

第一次行走在沙漠，三毛除了背着背包和帐篷外，两手空空，没法拿出游牧民族期待的东西。第二次去的时候，三毛就明白了巫医的重要性，于是给自己添了个小药箱。三毛知道，即使这个世界有尽头，女人还是爱美的，孩子还是爱吃的，于是她准备了很多美丽的玻璃珠串、廉价的戒指、发光的钥匙，还有白糖、奶粉、糖果、鱼线等。

带着这些走进沙漠，三毛曾产生过用物质换取友谊的羞耻心理。不过她也明白，自己不过是想让他们更亲近自己，让自己更了解他们，让他们更容易接受自己这个异族女子。

三毛从来不强迫他们来亲近自己，她会对他们说：“不要怕，我不会伤害你们。过来，别怕。”虽然明知道这些人可能根本就听不懂西班牙语，可三毛却觉得自己的语调可以让他们不再慌张。她轻轻地将一串美丽的珠子挂到小女孩的脖颈上面，之后拉她过来抚摸着她的头发。东西送得差不多了，三毛又开始给人治病。

遇到皮肤病患者，三毛就会给他们涂点消炎膏；遇到头痛患者，三毛就会给他们服阿司匹林；遇到眼睛烂了的患者，三毛就会给他们涂眼药；遇到身体瘦弱的人，三毛就会将高单位维生素分给他们。三毛不敢到一个陌生的地方不和他们亲近就拿出照相机一个劲儿地拍，因为她知道这是不尊重他们的举动。

一次，三毛遇到一位说自己头痛的老太太，三毛就给那位老太太服了两片阿司匹林片，然后送给她一个可以挂在布包头巾下面当配饰的钥匙。那位老太太服下三毛的药片还不到五秒钟，就高兴地对三毛说自己的头已经不怎么疼了，还拉着三毛走到帐篷中，叫来几个完全蒙着脸的女人，大概是她的儿媳妇和女儿。

这几个女人身上的体味很重，三毛朝着她们做手势，请她们将脸上的布拿下来，其中两个羞涩地露出了自己淡棕色的面颊。美丽的面庞、大大的眼睛、性感的嘴唇，她们那迷人的面庞吸引了三毛，她忍不住拿起相机拍了起来。一直到有个男人走了进来，他看到三毛的动作后突然大叫着冲过来，几乎将老妇人踢翻，随后又开始谩骂那几个女人，年轻的女人们听到男人的话，都被吓得快哭出声来。

男人用不怎么流利的西班牙语咒骂道："你收了她们的灵魂，她们就要死了。"三毛大吃一惊。那个男人口口声声说三毛用相机将在场人的灵魂都收了进去，伸手就要抢相机。三毛见状，赶忙抱着相机往外跑，跑到车子上之后就开始叫保护自己的巴新，当时巴新正在送水，见状立刻将追三毛的人挡住，不过人们仍然激动地围着三毛。

三毛明白，在这种情况下，他们可以通过不送水、沙漠军团或更深的迷信吓唬他们，放走三毛和她的相机，可是反过来三毛却想，既然这群人已经认为自己是失去灵魂的人了，肯定也有权利向三毛要回她们那被摄走的灵魂。三毛觉得，如果自己偷拍了几张照片之后就这样开车远去，对那几位女人的心理伤害是非常大的，她们肯定会以为自己是即将死去的人。

于是三毛让巴新告诉她们，她们的魂的确在盒子（相机）里，自己现在就可以把她们的魂还回去，让她们别害怕。但是巴新的态度却非常傲慢，让三毛不要理会这群无知的人，于是准备发动车子离开。那几个自以为灵魂被收走的女人看到车子发动引擎，立刻面无人色地蹲了下去。三毛拍了拍巴新的肩膀，示意他停下车子，之后对周围的人说："我现在就释放你们的灵魂，你们不要担心。"于是，三毛当着众人的面变魔术似的将胶卷拉出，随后跳下车，迎着光让他们看清楚，底片已经是一片白，没了人影，众人纷纷松了一口气，露出满意的笑容。

路上，三毛和巴新笑着重新装上胶片，回头望了望坐在自己身边的两个搭车的撒哈拉威老人。其中一个老人说自己曾经遇到过比三毛这个盒子还要厉害的东西，对着照人可以清楚地被摄取魂魄，三毛闻言从背包里拿出了一面小镜子，轻轻举到老人面前，老人看了眼镜子，被吓得差点跌下车去，拼命打巴新的后背。车子一停住，两位老人赶忙跳下车逃走了。三毛被他们的举动吓住了，她抬头看了看巴新的水车，果然没有后视镜之类的东西。

三毛没有想到，和自己同样生活在这个地球上的人，居然还有没见过镜子的。慢慢地，三毛竟然对他们产生了一丝怜悯，这种无知究竟是受地理环境的限制，还是受人为因素，三毛想不通。

再去沙漠的时候，三毛带了一面中型镜子，刚下车就将这个闪光的东西用石块叠了起来，每个人都非常害怕那面镜子，反而不再去关注相机了，在他们看来，镜子才是最厉害的摄魂的东西。其实这只是三毛为了拍照而搞的小伎俩。三毛经常会对着镜子梳头擦脸，然后没事似的走开了。孩子们看到三毛一点儿也不害怕，他们慢慢地走上前来，一开始只是迅速地在镜子面前晃一下，发现没什么事后再晃一次，到最后镜子周围居然围着一群撒哈拉威人，从那之后，再也没有镜子收魂的说法了。

登记结婚的烦琐历程

安顿好一切之后，荷西就急忙将三毛带到法院登记结婚，他紧紧地握住三毛的手，生怕三毛会跑掉。

法院里的人很少，里面坐着个老秘书，头发全都白了。荷西上前询问的时候，一堆人惊讶极了。因为他们是第一对要在法院登记结婚的人。在撒哈拉沙漠居住的人有自己的风俗，而且没有白人到法院结婚，这对外来的异乡人让他们感到震惊。

老秘书抱着一大沓文件，上面已经落下了一层灰尘，他揉了揉眼睛之后开始翻找相关资料，边翻边琢磨，最终捋清结婚需要的文件了：出生证明、单身证明、居留证明、法院公告证明……

三毛的证明文件会更麻烦些，证明文件由中国台湾开具之后，还要经中国台湾驻葡萄牙公使馆翻译证明，再转西班牙驻葡领事馆公证，接着经西班牙外交部转到西属撒哈拉审核，核准公告半个月后送到马德里户籍所在地法院公告。这么麻烦的过程着实让三毛烦恼，因为一系列手续办下来，怎么也得需要两三个月的时间。

三毛一向讨厌这种烦琐的事情，她问荷西是不是不要结婚了，可荷西结婚的心如磐石般坚硬，丝毫不因此而动摇。没办法，荷西只好请求那位老秘书快点，因为他已经对这一纸婚约期待了太久的时间了。

荷西的真诚感动了那位老秘书，他有些惊讶地看了看三毛的腰部，这简直就是天大的误会，他们纯情得只有简单的拥抱和接吻。对于年轻人来说，未婚生子并不是什么稀奇的事。可三毛的思想虽然自由，内心却仍然是个小女人，有着自己的坚守和矜持。荷西开始向老秘书语无伦次地解释，不过老秘书看了荷西一眼之后什么都不说了。

这些文件让三毛等了很久，三毛在这段时间里还有其他安排。来到这里许久了，三毛都只是待在荷西租的房子里，她想到外面看看，看看广阔的撒哈拉沙漠，看看自己前世的故乡。毕竟，撒哈拉对于三毛而言是个非常神圣的地方。

在很多人眼中，三毛就是个不折不扣的疯女人，警察局甚至不分青红皂白地声称，三个月之后就要将三毛遣送回马德里。而退休的老司令员得知这件事后，竟好心地为三毛讲解起地图来。

撒哈拉是个人迹罕至的地方，普通人并不会来到这里。三毛在被浇了冷水、听过很多个不伦不类的讲导后，她决心请教土著老人，那个有经历、有才识的老人。

她需要两辆吉普车、一个向导、汽油、食物等，不过最重要的仍然是钱，虽然钱不是万能的，可很多事没有钱却是办不成的。二十七万台币并非此时的三毛可以负担得起的，她不过是一名小学教师。荷西也拿不出那么多的钱，即使能拿出来，三毛也不会用。因为这是三毛的梦想，她要独自去实现自己的梦想才完美。

只是这段时间苦了三毛，她背着一个大背包，脖子上套着个相机，奔走在周边的村落，有时会搭便车，有时徒步行走，她感到新奇而快乐。她似乎看到了传说中的海市蜃楼，也参与着当地的奇特风俗活动，拍了很多特别的照片。

七月的沙漠骄阳似火，灼热的阳光似乎要将一切融化。此时的三毛仍然享受着自己的奇遇，荷西仍然在认真地工作，偶尔想起三毛，嘴角会不自觉地上扬。

一天，三毛突然收到了通知，“文件旅行”已经结束，这意味着他们可以结婚了。就在三毛还在消化结婚这个消息的时候，她被荷西的话吓到了，因为他说将结婚的日期定在了第二天上午，这对于三毛而言真是个不小的震惊。

于是两人开始忙碌起来，也打电报告诉了家里。父母既生气又欣喜，欣喜的是自己的孩子终于结婚了，生气的是居然在结婚的前一天才告诉他们。三毛的父母不禁有些嗔怪三毛起来，因为他们竟然不能参加女儿的婚礼。荷西请三毛去看了场电影，虽然那是沙漠里唯一的电影院，可却非常破旧、不入流。过了今天，两人就不再是男女朋友了，而是亲密的爱人。

三毛喜欢过这种舒适而随性的生活，以至于很多人看到三毛的肖像之后，会觉得她如同流浪的吉卜赛女郎一般。三毛找了件长裙，略显陈旧的颜色上散发出古典气息，优雅而可爱。三毛很喜欢这件衣服，她把它穿在身上，就跟荷西去登记结婚了。荷西双手捧起三毛的脸，怎么也看不够，拿起一根香菜别在了草帽上，他发现自己的新娘越发清新可爱了。两个人如同木偶一般被人摆弄着坐了下来，荷西的汗水都流到了胡子上。有个年龄和三毛差不多的法官，穿着黑色缎子法衣，给人一种很庄重的感觉。老秘书负责主持这场婚礼，他穿着黑色西装，打着丝带领结，面颊上竟然也渗出了汗水，让三毛有些莫名其妙。他开始讲述婚姻中的法律法规：西班牙的法律规定结婚之后双方必须住在一起。

三毛是个性子比较直的人，即使在这种庄严的场合下也是如此，听到这种规定她竟然不由自主地笑出了声。直到听到有人叫自己的名字的时候她才回过神来，那发愣的表情同样惹得观众笑出了声。三毛被叫到站起来，随后荷西也被叫了起来，三毛心里埋怨法官的啰唆，不过她对这场婚礼还是持平常心来看待的。她发现法官拿纸的手微微颤抖的时候，心里竟然感到了一丝愧疚。

这是法院里第一次给人公证结婚，所以法官才会表现得那么紧张。法官问道："三毛，你愿意做荷西的妻子吗？"任何一个人都知道该如何回答这个问题，可三毛却有些迷糊，竟然答出了个"好"字。法官笑了起来，接着问荷西，荷西的回答却是"是"。两个人回答完毕，法官却愣住了，不知道接下来该说什么。就这样，三个人如同木头一般静静地站在那里，最后法官突然说："好了，你们结婚了，恭喜，恭喜。"

他们的结婚仪式就这样结束了，就好像是在过家家。一听到仪式结束了，三毛立刻变得活泼起来，不再假装深沉，甚至将帽子抓在手上当作扇子扇起了风，帽檐上的香菜落了一地。很多人走上前来同三毛、荷西握手，向他们表示祝福。虽然这场婚礼并没有多隆重，却是三毛和荷西记忆中无比美好的一天。

平平淡淡才是真

终于要娶到自己心爱的女人了，荷西内心的欣喜难以名状。在荷西的眼中，只要有三毛在，其他的都可以忽略不计。

动情的男子常常让人觉得可笑，可那又如何？荷西早已暗下决心要竭尽全力去爱三毛。三毛喜欢穿布衣，她觉得那是质朴的生活写意，成年之后的三毛已经不再喜欢那些华丽光鲜的着装，她已经清楚地知道自己想要什么，她不想再落入那滚滚红尘之中，因为那里只会让她再次想要逃离。

登记后回家的路上，荷西提出要到沙漠上最豪华的旅馆住一夜，因为结婚毕竟是人生中的一件大事，不能马虎。可三毛却没有同意，因为在那里住一夜的钱可以买一个星期的菜了，而且只要和心爱的人在一起，在哪都是好的。于是，三毛跟荷西手牵手回到了家。

推开门，映入眼帘的就是一个大而精致的蛋糕，它正静静等待着有人切开它。蛋糕是荷西的同事们送给他们的，上面写着“新婚快乐”四个大字。在这个物资匮乏的沙漠里，拥有新鲜的奶油蛋糕真的是件很值得开心的事情。

荷西的同事们很用心地做这件事：蛋糕的上面有一对穿着新婚礼服的新人，穿白色婚纱的新娘的眼睛还可以自己开合……看着非常有意思。三毛虽然是个成年人了，对这样的小玩偶还是非常喜爱的。她一下子将两个小玩偶都拔了出来，而且告诉荷西它们是属于她的，他不能和她抢。

荷西对于三毛的随性表示无奈，难道她以为谁都和她一样，还因为小玩偶打架。两个人开心地吃着蛋糕，直到这个时候，荷西才将戒指戴在了三毛的手上，似乎这并不是为了结婚而戴，而只是简单的日常行为，不过却很温馨。

得知三毛要在撒哈拉沙漠生活，亲友们都极力反对，只有父亲陈嗣庆支持，而且给她寄了一笔数目不小的生活费，爱女的父亲知道女儿内心渴望的是什么，他要竭尽所能地满足女儿。

不过荷西是个比较大男子主义的人，他一直都坚持着男人的尊严，兑现了当时对三毛的承诺——给三毛建一个家，和她一起生活。荷西并没有用三毛的钱，而是将自己赚的钱交给三毛，让三毛置办家当。

沙漠中的蜜月旅行

勤快的男人背后总有自己的动力，而此时荷西的动力就是三毛，结婚成家，似乎拥有无穷的力量。荷西读大学的时候学的是工程专业，他的手很巧，家里的很多家具都是荷西亲手做的，很是精巧。

三毛也开始发挥自己拾荒的本领，她捡来一些废弃的材料，让荷西加工成精美的工艺品。荷西在公用屋顶上将木头据成块，三毛负责将这些木头块分类，一直忙到阳光高照，满头大汗，三毛就会为荷西擦干额头上的汗水，给荷西准备冰块，在他身上被晒的部位涂上油。沙漠的太阳很是毒辣，荷西被阳光晒得晕头转向，但他仍然没有停下手里的活计。一切外在的困难都不能改变他一心为家的痴心。荷西心里的家，三毛梦想中的家，他们两人未来的家，如今都要经荷西的双手创造出来。

幸福就在荷西的心里，他要在它的催化下更加卖力地工作。吃过午饭，荷西累得睡着了，醒来的时候已经是黄昏，他爬起来继续干，似乎要将生活中的棱角磨平。

星期日是天主教徒的安息日，可荷西并没有休息，因为家里还缺一个书架和一张桌子。卧室里已经多了一长排挂衣服用的衣柜，它看起来很奇特，是三毛的设计，并由荷西亲手制作而成的。厨房里，有一张小茶几被放在炊事台下放调味品。挂上沙漠麻布式的条纹窗帘，屋子里就被笼罩上了浓浓的家的氛围。

当一切都布置好之后，他们就锁上了房门开始蜜月旅行。他们的旅行没什么新奇的，不过是看看东边的日出和西边的残阳。

三毛喜欢拾荒，荷西就在三毛身后跟着，只要是三毛喜欢的，他们都会捡回家。两个人有时就在人迹罕至的沙漠中坐着，背靠背享受着只有彼此的时光。

浪漫而欢快的蜜月旅行很快就结束了，他们要开始平凡的夫妻生活了。疲劳的两个人回到家以后，荷西仍然在努力奋斗着，趁着放假的时间用白灰把家里重新粉刷了一遍。这个时候的房子看起来整洁多了，成为沙漠中的一道独特的风景。

荷西的工资发下来了，可他仍然穿着破了洞的鞋子，他不让三毛给他买新鞋，他要先置办自己的家，男子汉大丈夫必须以家为重，之后再考虑自己。

三毛从十三岁开始就梦想自己成为艺术家，她一直坚信自己的体内有艺术细胞，她要实现自己的艺术家梦想。三毛经常会亲自设计很多东西，无论她做什么，在荷西眼中都是对的。他对三毛的赞美也会恰到好处，并不会刻意奉承。

很快荷西就去上班了，家里的一切都交给了三毛，三毛搬来很多空心砖，铺在墙的一侧，上面竟然用棺材外板垫着，之后她又找来两块海绵垫子，一块放到木板上，另一个竖着靠在墙面，之后再在上面盖上和窗帘相同的彩色条纹布，用线将它们缝合好。就这样，一个纯手工制作的沙发就做好了。在白色的围墙之中显得非常协调雅致。

三毛找来一块白布铺在了桌子上，随后放上母亲寄来的细珠帘卷，很是素雅。母亲非常关心三毛，还给她寄来了中国式的用棉纸糊的灯罩。家里的其他亲朋好友也纷纷给三毛寄来各种生活用品和书籍。

三毛的好朋友林复南给她寄来了大卷现代版书；平先生给她航空送来了大箱的皇冠丛书；父亲陈嗣庆给她寄来了在海报上看到的怪里怪气的东西；姐姐给三毛寄来了很多衣服；弟弟还给她寄来了一件和服样式的男士浴衣，送给荷西，荷西穿上后竟然有些像三毛喜欢的一个男演员。能有这么多亲朋好友关爱自己，三毛真的很开心。

厚重的书架被三毛涂上了深木色，用的是褐色涂料，不是油漆，因为三毛觉得油漆没有涂料真实和自然。很多装饰家里的东西都是三毛捡来的，离家最近的垃圾场成了三毛的拾宝地，别人难以忍受那里的恶臭，可三毛却每天游走在这里，寻找着家里需要的东西。

回家的路上，三毛也会一直低着头捡东西，有的时候是一颗弹珠，有的时候是一根别针，有的时候甚至是一颗狗牙。运气好的时候三毛也会捡到钱，哪怕只是一角钱，三毛都觉得是上帝的恩赐。垃圾场里一堆小小的绿色瓶子也被她捡了回去，摆在家里的各个角落，里面插着一丛一簇盛开的野地荆棘，怒放不屈。

三毛自己在家的时候，突然来了两个拜访她的人，其中一个抱着一大束天堂鸟。他们是慕名而来的，因为三毛的家已经远近闻名，来到这里，谁都不会觉得此时正置身于沙漠之中。两个人一会儿痴看着三毛从坟场上捡来的石像，一会儿惊讶于自己正坐在棺材板上。废物竟然在三毛的手上变成了工艺品，两个人想要买她家里的一个石像，三毛沉吟了一下，最终拿起一个鸟的石像，大方地送给了他们。鸟的身上有一抹自然石块的淡红色，那是融汇了大自然的精血的浑然天成的工艺品。沙漠的生活虽然艰苦，不过三毛却过得有滋有味，在这里她与荷西患难与共。

相亲相爱，一生一世

阿尤恩坟场很是荒凉，附近的住宅区连门牌都没有，不过相对低廉的租金让荷西在这个地方安了个家。虽然说相对便宜，但一万西币对于荷西而言压力仍然不小。

荷西用自己那双笨拙的手将家里尽量布置得温馨浪漫一些。结婚登记回来之后，三毛刚想进屋，荷西就制止了她，温柔地对她说："我想抱着你进家门。"就这样，三毛像个公主一样被王子抱进家中，她在荷西的怀抱之中打量着自己的家，这个家简陋到连桌子和一张像样的床都没有，晚上她只能和荷西裹在睡袋中互相看着，荷西感到很愧疚，他甚至不敢直视三毛的眼睛。对于荷西的想法和感受，三毛心知肚明，她温柔地拍了拍荷西的肩膀，对他说："我很喜欢，这里很好，坐在家里可以看到星星，让我们来布置它吧。"

听到三毛这么说，荷西非常开心，爱人的一句夸奖如同兴奋剂，让他忘记了繁重工作带来的疲惫和委屈。三毛的内心也是非常快乐的，对于女人而言，虽然不一定可以找到心目中的王子，可是这么被人捧在手心里当成公主也是很幸福的。荷西对她的珍惜和小心翼翼让她非常满意。三毛决定，一生一世爱荷西。

虽然生活环境很艰苦，却让一直追求自由的三毛开始渴望安定。撒哈拉似乎给了她心灵的归宿，她想将这份感激传递下去，给她挚爱的荷西。三毛开始了自己的拾荒生活，每次捡到东西，她都会高兴好一阵子，用自己灵巧的双手和初为人妇的热情建造属于她和荷西的家。虽然家里几乎所有的东西都是靠拾荒得来的，可在三毛那双灵巧的手下，那些被人遗弃的东西变得精致而富有诗意。废弃的轮胎被她做成了舒适的座椅，古朴的石像和悬挂在墙上的羊皮鼓也散发出了文艺气息。在《白手成家》一文中，三毛讲述了自己如何将破败的沙漠之屋变成“艺术之都”，其中虽然包含着诸多的辛酸艰苦，但最终都被欣喜代替了。

三毛自小养尊处优，从来没有过过这样清苦的生活，但她没日没夜地跟荷西在烈日下锯木头。撒哈拉沙漠的烈日无处可挡，她却跟荷西一边放声歌唱，一边布置着自己的新家。撒哈拉沙漠因为三毛的出现而多了几分生机快活，附近的居民都知道这里有个黑头发、黑眼睛的东方女子用似乎有魔力的双手，改造出了一个颇具艺术风格的家，那是沙漠之中的奢华宫殿。三毛天生就有这种魔力，让人在不经意间想要向她靠近，从此生死相随。

一天，三毛正坐在家里喝咖啡，享受着惬意的午后时光。三毛喜欢这种生活，一杯咖啡、一本书、一个人，等待另一个人归来，简单的生活中充满了幸福的感觉。三毛在等待荷西下班回来，她那健壮的长着大胡子的丈夫总会在进入家门的时候变得无比激动，没有确切的理由，大概三毛最终选择荷西，就是因为他能带给三毛这种浪漫气息吧，这让三毛觉得满足，而且在不知不觉中依赖上这种感情，再也离不开荷西。

但是有一天，荷西过于激动了，他一个劲儿地敲门嚷三毛出来，开门之后，三毛不解地看着荷西，在他的手上，裹着一层又一层严实的报纸，荷西咬紧嘴唇不说话，那表情如同一个严肃的孩子。终于，三毛看到了一具完整的骆驼头骨，它用不可侵犯的姿态散发出高贵的光芒。三毛看到了这件艺术品之后变得异常兴奋，内心之中满是感动，她惊喜地围着头骨看了好几圈，询问荷西是从哪里弄到它的……

在撒哈拉沙漠和荷西相濡以沫的日子里，三毛已经将自己的心完全交给荷西了。花蝴蝶终于停下了挥舞的双翅，告别了“万花丛中过”的生活。如今的三毛，已经和其他新婚小妇人一样忙碌于自己的生活，对丈夫荷西的感情也越来越深。

荷西的工作非常辛苦，每周只能回家一天。这让这对小夫妻非常难过，每一次的离别都是那么伤感，待一周后再次重逢时，荷西经常一进门就跪在三毛的裙摆下，再抬头时眼中满是泪水。三毛经常在荷西要去上班时抱着他并请求他不要离开，那场景简直如同生离死别。高傲的三毛把自己的位置放得很低，哀求荷西不要离开自己……

圣诞节的“苦工”

三毛与荷西的婚事虽然没有事先通知父母，但是三毛的父母一直视这位“二小姐”为掌上明珠，只要她能幸福，也就不做过多的计较了。陈嗣庆一直叮嘱女儿要听从丈夫的，和他相亲相爱。

但是荷西的父母对他们的行为颇为不满，因为荷西的兄弟姐妹中，有的结婚前一天才宣布，比如荷西；有的结婚之后才写信，比如美国的大姐……这些兄弟姐妹明明寻得了美满的婚姻，可偏偏要和自己的父母来这一手，在家的时候没有动静，在外姐妹八人却将自己的父母瞒得晕头转向，等到父母想要发威的时候，早就已经迟了。大概是家教过于严格、保守，才导致孩子们产生了这样的逆反心理。

自从三毛跟荷西结婚之后，每周都会给自己的婆婆写一封信，希望可以负荆请罪，讨婆婆开心。公公在三毛的诚心相待下很快和三毛通起信来，信中说已经像爱荷西一般爱三毛了。可是婆婆却一直没有回过她的信，她还是很有耐心的，一步步地慢慢来。

很快到了圣诞节，荷西决定带着三毛回家看望自己的父母。两人一路坐飞机去荷西家的时候，三毛的内心有些忐忑，虽然事先料想到下飞机之后不会有人前来接机，可她仍然还是不敢这么早就跟着荷西回去。

在机场，三毛说自己口渴，到咖啡馆喝了三杯汽水，最后还是极不情愿地打计程车跟着荷西回了家。荷西踏着大步迈向走廊深处，公公、婆婆、小姑、大哥、二哥都向着荷西奔跑而来，三毛本想先投入公公的怀抱，没想到婆婆最先冲出来紧紧抱住了她，对着她左瞧又瞧，眉开眼笑。

进入公婆家之后，三毛开始东张西望，家里的摆设整整齐齐，到处都非常整洁，家人的衣着也是一尘不染。在婆婆家住了几天，三毛一直在争着做家务活，对公婆、荷西的兄弟姐妹，她都表现得非常友善，但是自己对荷西却是原形毕露（当然，都是背着公婆的）。

圣诞节终于到来了，婆婆算了算用餐人数，一共三十七人，这么庞大的家庭聚餐点的全是中国菜。荷西却好像没有听到家庭成员的报菜名，三毛只好清晨起床后提着大菜篮子和一小拖车去采买大家想吃的食材。三毛想要叫荷西陪自己一起去，可婆婆却说男人是不能进菜市场的，对于母亲的话，荷西没有疑义，最后三毛只好自己一个人去。

清晨起床，婆婆去做头发，公公去散步，妹妹去会男朋友，大哥去滑雪，二哥早就没了踪影，荷西去会自己的老同学。家里就只剩下三毛一个人，大概要到晚上他们才会回来。于是三毛自己一个人去逛百货公司，给自己买了件新衣服。

三毛心里明白，圣诞节不过一年一次，眼前的这一切算不得什么，只要他们回到沙漠自己的家里，荷西又会是属于她一个人的，会更加敬重、爱护她。到了圣诞夜，三十六道菜上齐，吃得家庭团圆，而三毛却独自在厨房里忙碌着。公公看到了三毛的影子，拥抱亲吻，大赞她厨艺的高明。

聚会结束之后，三毛还必须用冰冷的水冲洗着一只只油腻腻的碗，此刻的她是那么怀念沙漠的家，希望自己可以睡个安稳的觉。

一连应付了几天这个大家庭的成员之后，三毛已经快要累疯了，荷西的不体谅、不理解，让三毛的内心生出了怨念。

终于熬到了回沙漠的日子，三毛开心极了。临走前，荷西请全家人去餐厅聚餐，地点是马德里热闹大街上最著名的海鲜店。饭后，荷西的妈妈抱着三毛痛哭，用发抖的声音请求她快点回到马德里来生活，沙漠的日子太过艰苦了。她们就这样抱在一起，直到小姑子将婆婆拉开为止。三毛终于和荷西飞回了沙漠，她的心也踏实下来，结束了做“苦工”的生活。

“天堂鸟”的爱慕

一次，三毛想要写一篇名为《我的另一半》的文章，毫无疑问，那一半就是指荷西，可荷西听到后却说自己是一整片的。三毛望着荷西的眼睛，正经而清明，很明显他并不是在开玩笑。

三毛在心底里告诉自己，自己也是完整、独立的个体，没有另一半。正是由于两人都是独立的个体，生活中才会有很多需要逐渐磨平的棱角，这样拼凑在一起，就能避免由于相互碰撞而刺痛了对方。

一天，荷西下班之后捧着一大束天堂鸟回家，这是沙漠里的名贵花种。三毛是个爱花之人，她将那束花慢慢拿出来之后插到了一个漂亮的瓶子里。那是荷西的同事马诺林送给三毛的，三毛将其视为比黄金还要贵重的礼物。

此后的每个周末，那位同事都会送来天堂鸟，荷西对这些花也非常爱护，给它们勤换水，而且在里面加了阿司匹林，用来维持花的寿命，悉心地剪掉腐烂的根茎。然而，对于马诺林的心理，他并没有进行仔细地分析，可能是不想去分析，也可能根本不在乎对方怎么想。荷西的同事经常来三毛家里做客，但那个叫马诺林的自从送来天堂鸟之后，就再也没来过荷西的家。

一次的礼物让人感到惊喜，但是经常送来这样昂贵的礼物就让人有点吃不消了。一天，荷西去上班了，三毛就将马诺林约到家里，毕竟一次次送花难免让人揣测有何意图，还是亲口说出来，更让人觉得真实。三毛给马诺林倒了杯冰水，然后严肃地望着他，只见马诺林双手抱头，保持颓废的姿势沉默着。三毛已经肯定了自己内心的猜测，他的抱歉是完全没有必要的。她同情他，因为三毛是无法回应他的感情的，同时她感谢他，给了一个女人最好的赞美与鼓励。

马诺林对三毛的爱慕是单纯的，他并没有其他意图，只是想通过送花来表达自己对三毛浓浓的爱意。三毛并不会讨厌这样的男人，她只是不想让他一个人在这条没有终点的路上独自前行。

荷西并不知道马诺林的到来，只是从那之后，美丽的鲜花消失了，马诺林也不见了。他辞职了，如同人间蒸发般消失在了三毛的生命中，只是给三毛留下了很多书。在爱情的故事里，没有谁对谁错，只因为时间和空间的关系，没能在对的时间遇到对的人，无法厮守在一起。

荷西的“艳遇”

其实，也有不少人喜欢荷西，但都在对方的追求还没展开前就被三毛给果断压制住了。在他们的家庭中，荷西是不能看其他美女的，三毛小气而敏感，绝对不会和别人分享自己的丈夫。三毛的开放是在爱情的城堡中开放，她的包容是在爱情的城堡中包容，城堡就是爱的家，只有家存在了，才可以衍生出其他的东西。

三毛控制着荷西的薪水，她是个聪明而小气的太太。由于三毛的敏感和苛刻，荷西的几次美好艳遇都无疾而终。荷西和三毛都是热心肠的人，他们经常帮助别人，和邻居的关系处得不错，以至于很多人有事都会来找他们帮忙。

一次，三毛跟荷西去参加一个酒会，三毛将一件很长时间没穿过的黑色晚礼服拿出来烫了很久，又配上了一套昂贵的首饰。一切准备就绪之后，她却发现自己的高跟鞋消失了。球鞋、平底凉鞋、布鞋都好好地放在那里，只有高跟鞋不见了。突然，她看到了一双脏兮兮的尖头沙漠鞋放在鞋架上，三毛一眼就认出了那是姑卡的鞋。她的鞋在这里，自己的鞋却不见了，三毛也就大概明白是怎么回事了。

她怒气冲冲地跑到姑卡的家里，大声质问："我的鞋子呢？你为什么偷走我的鞋子，快点找出来还给我，你这个混蛋！"姑卡慢吞吞地到处找三毛的鞋子，可是都没能找到，最后她无奈地对三毛说大概是自己的妹妹把鞋给穿走了。三毛虽然气愤，可是也没有办法，只好穿着棉布白衣服和凉鞋走在珠光宝气的太太小姐中间。荷西的一个不怎么友好的同事还挖苦三毛，说她像个漂亮的牧羊女，就是缺了根手杖。

第二天，姑卡将鞋子还给三毛，鞋子已经被糟蹋得不成样子了。三毛非常生气，姑卡也理直气壮地说自己的鞋子也在三毛家里，她觉得如果三毛因此而生气，自己也该生气，这个荒谬的理论让三毛忍无可忍。

其实这只是个简单的小插曲，三毛家里不管什么东西都有人来借，她的家里如同万能超市，里面的东西就像是免费的，随时可能被扫荡一空。三毛生气地问道："除了我和我丈夫的牙刷，你们还对什么感兴趣？"

姑卡听到三毛的话竟然表现出恍然大悟，赶忙问三毛，她的牙刷是什么样的。真是个实诚的人！三毛顿时无语，她对别人的帮助竟然换来了这样的结果，好心简直就是个天大的错误。于是，姑卡被三毛撵了出去。可是，向三毛家借东西的人依然很多，也有些是对荷西感兴趣的。

沙漠里的男人可以娶好几个太太，荷西的邻居从来都是明目张胆地勾引他的，丝毫不顾及三毛的感受，甚至直接和三毛较量。蜜娜就是其中之一，她是个美丽活泼的女孩，金色的长发，婀娜的身姿，不断对荷西抛来性感的诱惑。

三毛跟荷西在家里吃饭的时候，蜜娜就会喊荷西去帮她修门，类似的事情还有很多，三毛就开始怀疑蜜娜家里的东西是不是也是从垃圾场捡来的。一般情况下，荷西都会放下筷子立刻跟着去，此时三毛就会将盘子里的菜倒出一大半分给荷西，让他继续吃，不准去。蜜娜站在窗前不肯走，荷西看了一眼，三毛就不准荷西看。在三毛的坚决防卫下，蜜娜终于嫁给了别人，三毛非常开心，还送给了她一块布料。

一次，三毛和荷西去捕鱼赚钱，两个人从来都没做过生意，脸皮子薄，抹不开面子。到了酒店门口的时候，荷西上前询问，三毛自然不会干这种事。等了二十多分钟仍然没有看到荷西的影子，三毛就走到酒店，手里也拿着一条鱼，刚好看到柜台前一个十分性感的女人在摸荷西的脸，荷西就愣愣地站在那里一动不动。这是三毛无论如何都不能允许的，她走上前去，“噌”地一下子将荷西拉到身边，对着那个女人大吼：“买不买鱼，五百块一斤！”将手中的鱼“啪”地摔在了吧台上，滑腻腻的鱼还在吧台上滑行了一下才停了下来。

荷西刚刚的出价是五十块一斤，一转眼涨了十倍的价格，即使有荷西这个美男子在身边，这个女人恐怕也不会花天价买下这条鱼了。三毛仍然瞪着眼前的这个女人，心想，她要是再敢摸一下，就涨到五千块一斤。荷西倒退着将三毛拉出了酒店，他对于三毛的无理取闹很是无语，结果，一条鱼也没卖出去。

出了门，三毛就开始打荷西，荷西自知理亏，也就任她打，几条鱼的价值怎么能跟荷西相比，她宁愿让那条鱼坏掉也不允许有人摸荷西一下。可三毛还没有解气，于是又冲回酒店，把那条鱼拿了回来。世界上美好的事物总是对人有一定的吸引力，美女对于男人的诱惑自然不言而喻。荷西英俊的面孔很容易招蜂引蝶，三毛只好自己织网将这些“艳遇”隔离在外。

其实，荷西的意志还是很坚定的，他是个很专一的人，三毛永远是他最重要的女人，他为她生，也为她死。不过即便如此，三毛仍然不放心，时常拿着手里的扇子向周围的蜂啊、蝶啊的挥舞过去。

沙漠里的艰辛

撒哈拉沙漠的物资严重匮乏，很多东西的价格高得惊人，三毛早已忘记了自己曾经养尊处优的日子。

现在，三毛已经如同一个卑微的农妇，虽然每天拼命地劳作，却仍然没有让他们的日子变得更富裕些。荷西的工作环境艰苦而充满了危险的气息，他每周只回一次家。三毛只能顶着五十摄氏度的高温，独自拎着水箱走过漫长而遥远的黄沙地，或是为了生煤炉而将煤气罐空瓶拖到十公里外的镇上去灌煤气。汗水无声地蒸发在干热的空气之中，她常常隔几十步就会朝着爱人工作的方向望去，依稀可以看到高远的井架，在高温中被空气扭曲得如同大海的浪潮。她知道，爱人就在那个地方，离她很近，想到这儿，她的心里充满了甜蜜之感，继续上路。

这个时候的三毛仅仅拥有荷西，可就是荷西一个人也能将她的心填满。她已经沦为一个幸福的小妇人，忘记了生活的困苦，在无数个忙完家务的夜晚磨好咖啡，等待爱人归来。她一边憧憬着自己的沙漠之家，一边想象着装点金色琉璃屋顶和挂着彩旗的幔帐，她希望自己的家如同富丽堂皇的宫殿一般，在朝阳下闪闪发光。

撒哈拉威人是当地原始居民，他们封闭而固执，同时也是虔诚的回教信徒。他们常年依靠游牧生存，与西班牙殖民者有着很深的渊源和矛盾。

荷西所在公司的薪水并不高，这也就限制了他们的居住地。他们居住的地方是撒哈拉威人的聚集地，这是白西班牙人所蔑视的地区，他们经常让荷西搬到白人区来，离开那群刁蛮的土著。可三毛却不这么觉得，在她眼中，撒哈拉威人尽管自以为是，有让人难以忍受的体臭，经常贪图小便宜，但仍然是个可爱的民族。

三毛曾经在《芳邻》中这样形容她的邻居们："我的邻居们外表上看去都是极肮脏而邋遢的撒哈拉威人。不清洁的衣着和气味，使人产生一种错觉，以为他们也同时是穷苦而潦倒的一群。事实上，住在附近的每一家人，不但有西国政府的补助金，更有正当的职业，加上他们将屋子租给欧洲人住，再养大批羊群，有些再去镇上开店，收入是十分稳定而可观的。所以本地人常说，没有经济基础的撒哈拉威是不可能住到小镇阿雍来的。我去年初来沙漠的头几个月，因为还没有结婚，所以经常离镇深入大漠中去旅行。每次旅行回来，全身便像被强盗抢过了似的空空如也。沙漠中穷苦的撒哈拉威人连我帐篷的钉都给我拔走，更不要说随身所带的东西了。”

这段描写轻松诙谐，虽然邻居们的行为有些粗鲁，但三毛却丝毫未透露出对他们的不满。这一年中，三毛和她的邻居们相处得很好，不但慷慨地将自己的药品和食材分给邻居们，还治好了很多被病痛折磨的土著人，甚至教会了他们简单的算术。

三毛在当地人的眼神中看到了真诚，这让她找到了自信，她觉得自己是个被人需要的人，她那寂寞的心灵得到了慰藉。她的博爱如同沙漠中的绿洲，展现出一抹生机，散发出迷人的光彩。在这里，她交了很多朋友，他们都是真诚的撒哈拉威人，其中就包括邻居罕地和他的儿子巴新、女儿姑卡。年老的罕地曾经帮助她识别毒咒，请“山栋”施法，救了她一命。

巴新去沙漠中卖水，一路给三毛当翻译，扛着照相器材；杂货店管店的沙仑、财主的弟弟阿里都是三毛的好朋友；美艳的蜜娜曾经一度被荷西英俊的外表所吸引，希望可以成为他的小妾……

能融入这个民族当中，三毛很骄傲，就好像撒哈拉沙漠中弥漫的黄沙早已经成为她生活中必不可少的风景。金黄的沙粒在她眼中如同水晶般夺目耀眼，似乎撒哈拉并非遍地是沙，而是遍地黄金。此外，她还看到了邻居家的女眷那张藏在面纱下的惊艳的脸。这样的生活让三毛觉得很快乐，如今，爱情和信仰就是三毛的全部，占据了她的全部生命，她的灵感又开始迸发出来，指尖挥动着笔杆，笔尖在纸张上沙沙作响。荷西不在的日子里，她经常抬头仰望透明的屋顶，看着夜空中一闪一闪的星星，光明忽闪忽灭，就好像她那灵动的心思。她把白天的见闻都记录在文稿里面，构建出很多有趣的故事。这是三毛一生当中最开朗和活泼的日子，她惊喜地感觉到自己和以前的不同，按捺不住地在作品中记录下风趣幽默的文字，最终写成了《撒哈拉的故事》。这本书让她获得了万千粉丝的追捧，也让读者感受到了异域风情。也是在这一时期，她不再用“陈平”的真名写作，而是改名为“三毛”。

沙漠文学时期

在撒哈拉生活的那段时间里，尽管条件十分艰苦，三毛仍然保留着难得的生活情趣，每天除了装饰、打扫房间，三毛还研究着不同的菜系食谱。虽然沙漠里的可用食材很少，但三毛还是有自己的办法，她隔段时间就会让母亲寄来一些家乡的食材（粉丝、冬菇、猪肉干等），并利用这些食材做自己和荷西的一日三餐。

荷西就像一位贪婪的食客走进美味的餐厅，只要坐到餐桌前，就会风卷残云一般将餐桌上的美食吃得干干净净。

三毛做的第一道菜就是粉丝煮鸡汤，荷西是外国人，对中国菜并不怎么了解，也不怎么知道中国食材，他喝了一口就问三毛“这是什么做的”，三毛满脸认真地说这是春天下的第一场雨，被冬天的寒冷冻住后取下来的，荷西虽然不信，可也不深究。

三毛收到妈妈寄来的猪肉干后，本想着独自享用美食，却没想到刚好被荷西看到。他问三毛那是什么东西，三毛又开始信口开河，她说那是治咳嗽的中药，又说是喉片，直到荷西将猪肉干放到嘴里，他开始质问起三毛，难道世间还有用肉做的喉片？三毛这才弱弱地点了点头，等到第二天醒来的时候，三毛发现猪肉干已经被荷西偷了大半送给同事们。从那以后，荷西的同事只要看到三毛都会假装咳嗽，想要骗猪肉干吃。

三毛寿司做得也不错，可荷西并没有在一开始的时候就接受这道美味，他满脸质疑地看着三毛，觉得寿司外面的紫菜是印蓝纸或复写纸。他吃惊地看着三毛一连吃了好几个，随后满脸悲壮地夹起一个寿司放入口中，当他尝出那是海苔后，亲昵地在三毛的额头上打了一下。

三毛把为荷西煮饭的经历记录下来。1974 年 5 月，三毛的第一篇沙漠作品《中国饭店》发表在了《联合日报》上。当时三毛已经停笔十年，这也是她第一次以三毛的笔名写文章。作品发表之后，三毛非常开心，她说："我接到寄至撒哈拉沙漠的《联合日报》航空版，看见文章登出来，几乎不相信自己的眼睛，实在是太快了。我拿了这张报纸就走，那时我和荷西还没有车子，可是我实在是等不及了，手拿报纸就往沙漠上一直走，打算走到工地去告诉他，我走到他的交通车会经过的路上，后来，交通车过来了，他看见我就叫司机停车，我向他跑过去，他说：不得了，你已经投中了！我说，是，是，就在这里。那真是很快乐的一天，到现在都不能忘记，十年以后，第一次写文章；在沙漠里，只有一个人可以分享，而这个人是看不懂我的文章的人，可是还很高兴，像孩子一样在沙漠里跳舞。"

《中国饭店》发表之后，三毛自信心倍增，她开始了自己的第二个文学创作期，之后三毛相继发表了《结婚记》《悬壶济世》《娃娃新娘》《荒山之夜》《沙漠观浴记》《爱的寻求》《芳邻》《素人渔夫》《死果》等十二篇文章，最后全部被收录在《撒哈拉的故事》一书中。1976 年，皇冠出版社出版了《撒哈拉的故事》，此后不断再版，迅速风靡了整个中国台湾文坛，受到了广大读者的热切喜爱和追捧。由此，三毛的沙漠文学时期真正到来了。

三毛把自己和荷西的故事都写入了文章之中，她与荷西的性格特点被描写得淋漓尽致：荷西憨厚而略显笨拙，痴心却又不怎么解风情；三毛虽然浪漫，可有的时候却急躁粗暴，善良却常常信口开河。曾经有读者给三毛写信，信中说三毛是个非常乐观的人，想知道三毛为什么能在这么平凡的生活中活得那么愉快。然而，三毛的回答却是："我不是一个乐观的人。"

在《撒哈拉的故事》中，读者看到的都是积极乐观的三毛，她常常进行着精心的策划和幻想。其实当时的三毛仍然忧郁，仍然胆怯，只是她敢于走进沙漠，追寻自己的前世乡愁。

在撒哈拉，三毛和荷西一起翻译了一本漫画书——《娃娃看天下》，而且在中国港台出版后备受追捧。《娃娃看天下》是三毛译书的起点，那是三毛和荷西唯一一次的文学交流，也正是因此，荷西将三毛带到了她从未涉足的领域。

第八章

诀别撒哈拉：几经辗转，重归故里

奢华宴会上的小奴隶

有一次，三毛被请到镇上一个非常有钱的撒哈拉威财主家中吃饭。

财主的白房子像迷宫一样宽大，财主本人是个年老而精明的撒哈拉威人，抽着水烟袋，说着优雅而流畅的法语和西班牙语，态度自在，而且带着几分说不出来的骄傲。三毛倒是对财主的美丽太太们很好奇，她一个人在后房间里转来转去，看着一间间华丽的卧室、落地大镜子、美丽的女人和席梦思大床，以及少见的夹着金丝银线的包身布。三毛想让荷西也来看看这些美丽的太太们，只可惜她们非常害羞，说什么也不肯出去。

等三毛穿好衣服，蒙住了脸后，慢慢走回客厅，里面坐着的男人都跳了起来，还以为三毛成了财主的第五个太太。三毛却不以为然，觉得自己的打扮很适合这房间的情调，因此决定不脱掉衣服，只是把蒙脸的布拉了下来，等着吃沙漠的大餐。

没过多久，烧红的炭炉子被一个八九岁的小孩拎了进来，孩子还没有板凳高，面容十分谦卑。他小心地把炉子放到墙角，又捧来了一个非常大的银托盘摇摇晃晃地走到众人跟前，放到了编织着五彩图案的大红色地毯上面。盘子里面是银茶壶、银糖盒子、碧绿新鲜的薄荷叶、香水，以及一个非常小巧精致的炭炉，上面热着茶。三毛被这套茶具的华丽清洁迷住了。那个孩子对着他们轻轻地跪了一下，随后站起身，拿着银白色香水瓶朝着每个人的头发轻轻喷洒香水，这是沙漠之中非常隆重的礼节。

三毛低头看着眼前的这个孩子，他一直将三毛的头发洒得湿透了才罢休，香气充满了整个房间，撒哈拉威人强烈的体臭也消失了。

又过了一会儿，那个孩子又端来了放着生骆驼肉的大碗，炭炉上架着铁丝网。客厅里的人在高声说话，另外两个西班牙太太在谈她们生孩子时的情形，三毛却默默地观察着眼前这个瘦小的孩子的一举一动。他先串肉，然后将肉放到火上烤，同时照管着另一个炭炉上面的茶水，水沸后就开始放薄荷叶，加硬块糖，倒茶叶，他把茶壶举过自己的头顶，茶水却刚好倒入小杯子之中，姿态非常美妙。

倒好茶后，那孩子又跪到三毛面前，把茶杯双手举起来递给她，三毛品了一口，茶香四溢。肉串烤熟之后，那孩子就会托在大盘中送过来。驼峰都是脂肪，驼肝、驼肉勉强能入口。众人一人拿了一串吃了起来，那个孩子一直看着三毛，三毛朝着他微笑，眨了眨眼睛，表示好吃。等三毛吃第二串时，两个土里土气的西班牙太太开始乱叫："天啊！这个根本没法吃啊！我要吐了！赶紧拿点汽水来！"三毛看了看她们那没教养的样子感到了羞耻。

虽然准备了很多食材，不过女的只有三毛一个人在大快朵颐，三毛觉得叫个小孩子伺候一群成年人在这里吃饭实在没什么意思，所以三毛干脆移到孩子跟前和他一起串肉，自己边烤边吃。那个孩子一直在低头做事，嘴角一直带着一丝微笑。他做事的样子伶俐又认真，三毛一边询问肉串的制作方法，一边帮着他煽火、翻肉。孩子似乎感觉到了自己的重要性，开心得脸都红了。火边上坐着的人却非常无聊，那两个讨厌的女客仍然在轻视地怪叫着，不是要这就是要那，而财主堂兄太太的弟弟阿里直接呵斥这个小孩子去拿。那个孩子还得管火，还得买汽水，还得扛椅子，还得烤肉，脸上充满了惶恐。

三毛朝着阿里大嚷，觉得他对这个孩子太不公平，阿里却不以为然。到最后三毛才知道，这个孩子是个奴隶，是个世世代代伺候人的。在沙漠里，只要看到黑人就会去捉，打晕后将他们用绳子绑好，等到把全家都捉来之后他们就不会逃了，世世代代成为奴隶，可以进行买卖。这位财主的家里就有两百多个这样的奴隶。

告别了这个财主，三毛将身上的本地衣服脱下来送还给他美丽的妻子，大财主亲自送她跟荷西出门，三毛感谢了他的款待，但没有再和他握手，因为她再也不想见到这种人。三毛走了很远，才发现那个小黑奴隶躲在墙角看自己，大眼睛如同小鹿一般温柔，三毛跑到他身边，拿出两百块钱塞到他手里，对他说了声："谢谢！"才转身离开。虽然三毛知道两百块钱什么都改变不了，可她实在想不出别的办法来表达自己的友善。

和哑奴建立友谊

三毛到法院找秘书老先生谈论蓄奴的问题，那位秘书表示很无奈，对于撒哈拉威人，他们也只能采取安抚的策略。

当天傍晚，有人敲响了三毛家的门，非常有礼貌，轻叩三下之后就不再敲了，三毛非常纳闷，是哪个文明人来看自己呢？门开了，她看到了一个不认识的中年黑人正立在门口，衣着破烂，头发花白，看到三毛立刻谦卑地弯下腰，双手交握到胸前，好似在拜三毛。他不会说话，口里却能发声，只是因为聋了才说不出话来。原来，他是过来送还三毛那两百块钱的。这是三毛第一次看到哑奴。

大概过了一星期，三毛起了个大早，目送荷西去上早班。开门后，三毛发现门外居然放着一棵青翠碧绿的生菜，上面洒着水。三毛把生菜小心地捡起来，等荷西走远之后关好门，找出大口水瓶把菜竖着插了进去，放到客厅摆了起来。她在疑惑，这是谁送给自己的礼物。

这里的撒哈拉威邻居几乎每天都会向三毛借东西，但回报她的却是个穷得连身体都不属于自己的奴隶。三毛很想知道哑奴的消息，可却再也没见到过他。两个月后，三毛的后邻需要在天台上加盖一间房子，把空心砖堆到了三毛家门口。三毛家门口被弄得一团糟，粉白的墙面被擦掉了。荷西回家之后，三毛都没敢提及这件事，生怕他大发雷霆，伤及邻里感情，她只好等着这些人完工后再做打算。可是过了很久，邻居家却没有动工的迹象。原来邻居租了个奴隶来做工，那个奴隶是一流的水泥工，奴隶的财主正在等着价钱谈好之后再派他过来。

过了几天，一流的泥水匠来了，三毛走上天台，居然看到了那个哑奴正蹲着调水泥。三毛很是开心地走了过去，哑奴看到了三毛，露出真诚的笑容。他弯下腰，三毛立刻伸出手握住他的手，随后打了个手势，感谢他送来的生菜。哑奴知道三毛猜出了生菜是自己送的，脸涨得通红，便打手势问三毛："好吃吗？"三毛用力地点了点头。哑奴又一次开心地笑了，用手比画着，像是在说多吃生菜好。三毛很感激哑奴的细心，虽然他不会说话，但是一看他打的手势就可以知道他的意思。连续工作了几天之后，哑奴已经砌起了半人多高的墙。

火热的八月，烈日当空，毒热的太阳如同火山岩浆一般倾泻下来。三毛将门窗紧闭，窗缝用纸条糊好，避免热浪冲到房间之中，随后用清水擦席子，用毛巾包好冰后放到头上，毕竟近五十摄氏度的高温天气实在让人发狂。每次遇到这样的高温，三毛都会选择躺在家里的草席子上等待黄昏的来临，当日头落下，凉风吹来，三毛才会到门外坐上一会儿。

过了好几天，三毛才想到去天台看看哑奴的状况。打开天台的门，热浪袭来，三毛立刻感觉到了头痛，她赶紧冲出去找哑奴，只见他半靠在墙边，身上盖着块羊栏上捡来的破草席，趴在自己膝盖上。三毛赶紧去叫哑奴，让哑奴和自己一起下去，可哑奴却犹豫着，不知如何是好，最终，哑奴还是和三毛一起走到了三毛家里。哑奴站在三毛家厨房外的天棚下，手中拿着个石头般坚硬的面包，那是一种磨碎了给山羊吃的面包，三毛惊呆了，自己的邻居居然让哑奴靠吃这个来维持生命。哑奴紧张得不敢靠近三毛家内室，只是呆呆地站在天棚下，他指着自己的身体，意思是说自己是个黑人不能进去，三毛却告诉他，大家都一样，可他仍然不肯进屋。从来没有人这样对待他，他始终不敢走近一步。三毛只好将他安排在走廊阴凉处，给他铺了块草席，并从冰箱中拿出一瓶冰冻橘子水、一个新鲜软面包、一块干乳酪和一粒白水煮蛋，统统放到了哑奴的身旁，请他吃。然后三毛就走到客厅，关上门，她担心自己在场会让哑奴无法坦然吃饭。走廊上的哑奴如同一尊雕像，只喝了一点橘子水，吃了干面包，其他食物却是一点都没动。三毛见他不吃，双手叉腰望着他，哑奴立刻站起身来，朝着三毛打手势，告诉三毛他只是想拿这些食物回去给自己的老婆孩子吃。三毛赶忙帮他把食物装进口袋，又给他切了个大块乳酪和半个西瓜，在里面放入两瓶可乐。他看到三毛一个劲儿地往里面放东西，既开心又有些害羞。三毛看到他这种复杂的表情，实在有些不忍。

三毛将袋子里的东西全部放到了冰箱中，朝着哑奴指了指太阳，告诉他太阳下山后再过来拿。他一个劲儿地朝三毛点头，并朝着她弯下腰，开心得快要哭出来了，然后他回到阳台继续工作。三毛犹豫了一下，还是将荷西最喜欢吃的太妃糖拿出了一大把放到哑奴的食物袋中。

星期天，哑奴的工作仍然没有结束，荷西走到天台看他，这是哑奴第一次看到荷西。他急忙丢下手头的工作，快步走到荷西的面前，距离荷西还有几步的时候就要伸手跟荷西握手。只不过这一次他没有卑微地躬下身子，三毛为他感到高兴，这说明他的自卑感在逐渐减少。就这样，三个人建立了深厚的友谊，三毛还常常请哑奴在家里吃饭。

邻居家的孩子看到哑奴在三毛家里吃饭，赶忙跑回去告诉大人，大人之间相互传开，很快所有人都知道了。这些人开始对哑奴和三毛夫妇产生敌意，有人不断警告三毛远离哑奴这种身份低贱的人，有个小女孩甚至故意在哑奴身上吐口水，不过却被荷西吓跑了。

三毛告诉哑奴自由的重要性，而哑奴却苦笑着指了指自己的心和空中的小鸟，表示自己的身体虽然不自由，可心却是自由的。如此有智慧的话，让三毛大吃一惊。

哑奴被卖了

那天黄昏，哑奴邀请三毛到他家做客。三毛赶忙找了些吃的装好并跟着他一同回去。哑奴的家在镇外沙谷的边缘，那是个破旧的小帐篷，孤寂而悲凉。

三毛才走近，就看到帐篷里面走出两个光着身子的小孩，开心地跑到哑奴的身边，哑奴立刻笑呵呵地将他们抱起来。帐篷中还走出一个女人，只穿着一件露着脚的破裙子。

哑奴邀请三毛跟荷西走进帐篷内，里面只有几个麻布袋铺在地上，还有一半地是沙地。帐篷外有个汽油桶，里面装着半桶水。

哑奴的太太有些害羞，她背对着帐篷布不敢直视三毛和荷西。哑奴立刻去打水、生火，用旧茶壶煮水，煮好水之后才发现没有可以装水的杯子，他显得有些窘迫，三毛叫他别着急，他们会等水稍微凉些之后再去喝，他这才放心。

他们的大孩子还在财主家里做工没回来，小的两个依偎在父亲怀里吃着手指望着三毛和荷西。三毛立刻将吃的东西拿出来分给他们，哑奴立刻将面包递给背坐着的太太。待了一会儿，三毛跟荷西起身要走，哑奴抱着孩子站在帐篷外朝他们挥手。荷西紧紧握着三毛的手，再回头去看那个困苦的家庭之时，三毛跟荷西变得更亲密了。但是三毛觉得，即使他们很贫穷，可最起码一家人在一起。

后来，三毛给哑奴的孩子和太太买了些廉价布料，伊斯兰教过节的时候，三毛又送给他们一麻袋炭和几斤肉。

哑奴虽然一无所有，但还是竭尽所能回报着三毛，有时他会悄悄替三毛补山羊踩坏了的天棚，夜里偷水替三毛洗车，刮大风时替三毛收衣服，然后将它们放到洗干净的袋子中，拉起天棚的板替三毛丢下来。

荷西和三毛一直在想办法帮着哑奴重获自由，但却没有找到切实可行的方法。

一天，沙漠下起了雨来，雨滴重重地敲打在天棚上，三毛跟荷西被雨点声吵醒，三毛被沙漠里的这种怪异现象吓得不轻。可她的邻居们却显得很兴奋，跑出来高声喊着："神水！神水！"他们拿出水桶来接雨，说喝了这种水能治病。

雨仍然下个不停，沙漠变成一片泥泞，三毛的家四处漏雨，雨下了一天一夜，就连西班牙的报纸都刊登了沙漠大雨的新闻。大雨后的第二个星期，哑奴完工了，那天，三毛在看书，黄昏来临，突然听到门外有小孩子的吵闹声和大人们的说话声。

邻居姑卡一个劲儿地敲着三毛的门，门开后，她激动地对三毛说："快看，哑巴被卖掉了，现在就要离开了。"三毛顿时觉得大脑发蒙，抓住姑卡问道："为什么要卖？怎么突然要被卖掉？卖到哪儿？"

原来，大雨过后，茅里塔尼亚长出许多草，哑奴会管羊、接生小骆驼，人家买他过去照看羊和骆驼。此刻，哑奴就在三毛的邻居家里，他的主人正在里面算钱。三毛急匆匆地跑了过去，看到一辆吉普车的副驾驶上正坐着哑奴。三毛冲着车子跑去，她看到哑奴呆望着前方，如同泥塑人，面无表情，手脚被麻绳绑着。三毛捂住嘴巴看着哑奴，哑奴却不再看他。三毛冲到邻居家中，看到财主正在喝茶，她知道，生意已经成交，没有办法救哑奴了。她再次冲了出去，看到哑奴的嘴唇在发抖。

三毛冲回自己家，拿出仅有的积蓄，看了看自己床上的大沙漠彩色毯子，一把将其拉了下来，抱着它冲向哑奴所在的吉普车，三毛将钱和毯子一股脑儿地塞到哑奴的怀里。哑奴看到三毛和毯子，居然抱着毯子大哭起来，他跳下车，抱着美丽的毯子没命似的往家跑，由于脚上被绳子绑着，所以他只能小步地跑，三毛看着他以不可能的速度朝着家的方向跑去。孩子们看到哑奴跑了，立刻大叫起来，大家都在拼命追哑奴，三毛也追了过去，忘记了自己停在家门口的车。

快跑到哑奴帐篷的时候，大家都看到哑奴远远地迎风打开了那条彩色缤纷的毯子，跌跌撞撞地扑到太太和孩子们面前，手上绑的绳子竟然被他扯断了。他边“呵呵”地叫着，边将毛毯用力围在孩子和太太身上，他把自己太太的手放到毯子上，让她摸摸毯子的质地有多好，并把钱塞给了太太。

几个年轻人跑了过去，一把抓住哑奴，吉普车开了过来，他茫然地走上车，手紧紧地握在车窗上，表情充满了悲伤，他看得很远，眼眶里没有一滴泪水，只是嘴唇不自觉地颤抖着。此刻的三毛已经泪流满面，独自走回家中，关好门窗躺到床上，一直躺到第二天早晨……

军曹的伤痛

生活在撒哈拉沙漠的这段时间，三毛亲眼看到了很多残酷的事实。年轻的哑奴无言的一滴眼泪，为了爱情奋不顾身的贫穷小伙子的暖人的微笑，年纪轻轻被迫接受婚姻的女人的凄凉，倾国倾城的妓女的绝色一瞥……战况瞬息万变，让这个本就残酷的地方变得更加没有人情味。

在沙漠中生活了几十年，人的身心被无情地禁锢，灵魂被残忍地摧残。一代代撒哈拉威人在这无边的沙漠之中如同魔毯上被迫起舞的洋娃娃，用生命一次次起舞，耗尽了全身的气血，仍然无法走出沙漠。男人们的青春在物质和战乱中被消耗殆尽，女人在数不尽的教条和规定面前伤痕累累，可怕的宗教习惯让这里的女人变得悲哀和低贱，每天被痛苦和不安包围着。

三毛突然觉得，自己能跟荷西相守就是莫大的幸福，特别是当她看到邻居家的女孩姑卡出嫁的时候，她更加真实地感觉到了自己拥有的幸福。那个小女孩才十岁，就被家里人像牲口一样卖给别人当妻子，她瑟缩在乌烟瘴气的帐篷中，女奴们跳着欢快而暧昧的歌舞，而弱小的女孩化着媚俗的妆容，手指紧紧地扣住门把，不想出嫁。可四个身材魁梧的男人硬是将她拖了出去，女孩的嘴唇已经被咬破出血，妆也哭花了，宝贵的贞操在混乱中被轻易夺走，从那以后，她和几个不幸的女人一样属于某个陌生男人。女孩咬破嘴唇那一刻露出的怨毒眼神，深深地烙印在三毛的脑海之中。

一个偶然的机会，三毛和荷西救了一位西班牙军人，他由于醉酒而险些被仇视白人的撒哈拉威人杀死，三毛和荷西好不容易才救了他一条命。当时撒哈拉威人和西班牙殖民者之间已经结下了很深的仇怨，种族矛盾在此时最为激烈。据说在撒哈拉金色的沙粒下埋藏着无数珍贵的石油，就连北边的摩洛哥人都蠢蠢欲动，想要分一部分这珍贵的液体黄金。撒哈拉威人是那么的桀骜不驯，怎么可能甘心将自己的东西拱手让人，他们发誓要将掠夺者和侵略者统统赶走，重新找回自己的家园。只可惜他们没有武器，赤手空拳难以做出有力的回击。他们只能以游击队的方式攻击所谓的“沙漠军团”。三毛和荷西在面对撒哈拉威人和西班牙人的种族矛盾的时候感到无能为力，他们的善良经常使他们陷入尴尬的境地。

那位军曹得知自己是被三毛救活之后经常想要帮助三毛，但却因为特别痛恨撒哈拉威人，在一次误会三毛为撒哈拉威人代购廉价生活物资时与三毛发生了争执，从此不再与三毛交好。三毛虽然有些伤心，可仍然向着撒哈拉威人，因为她和他们在一起生活了两年，建立了友谊。可这件事并没有就此结束，固执的撒哈拉威人因为三毛和军曹亲近而仇恨起她，竟然将三毛平日里的友好忘得一干二净，甚至扬言要杀死三毛。

三毛是个心地善良的女人，并未将此放在心上，可她却能感觉到年轻一代的撒哈拉威人向她投来了不满和不屑的目光，这目光让她浑身不自在。一天，当荷西准备伸手抱起孤儿院幼小的男童时，却被男童拒绝了，男童口中高喊："杀掉 Echo、杀掉荷西！"就在这一刻，三毛感觉自己的心在滴血。她不敢相信自己的耳朵，自己的善良居然因为种族矛盾而被人如此蹂躏，就好像透明的灵魂被泼了墨汁，这使她瞬间陷入尴尬和绝望的境地。

当三毛在沙漠的医院醒来的时候，她被医院告知已经无能为力了，她的下体流了很多血，很难止住，还在断断续续地流着。现在的她是那么虚弱，她的手捏着被子的一角，痉挛的疼痛让她更加瑟缩。荷西从公司赶了过来，可却带给她一个不幸的消息：又有西班牙人在下班路上被撒哈拉威人杀害了。早晨的时候，尸体就被吊在了井架上。

三毛不能理解究竟是什么样的仇恨会让人这样肆无忌惮地杀戮无辜，她原本以为这是场引入开化和奔向文明的革命，就像电光火石般不可阻挡却转瞬即逝。她以为西班牙人会善待他的子民，可却没想到这个古老的国度并不欢迎文明的到来，而是宁可被奴隶主抽着鞭子，宁愿一辈子不接受教育，也不愿意奉行另一个民族的信仰。那根深蒂固的自尊显得很是愚昧，可有时又有些动人。

此刻的三毛似乎已经明白军阀为什么那么憎恨撒哈拉威人了，可她不后悔自己来撒哈拉沙漠的决定，却为自己将荷西卷进来而感到自责。

后来三毛才得知了军曹的伤痛：十六年前，沙漠军团刚到这里驻军的时候，竟然在一个夜晚全部被杀害，野蛮的撒哈拉威人把尸体抛弃后一哄而散，只剩下蛮荒的土地被沙化，那其中就包括军曹的亲弟弟。当晚，军曹由于醉酒没能回到军营而侥幸逃过一劫，从那之后他不再对人提起自己的名字，而是只保留了军衔，人们称之为“军曹”。

沙伊达的惨死

一个漆黑凌乱的夜晚，一场蓄谋已久的种族战争爆发了。在三毛的《哭泣的骆驼》中，真实地记载了一场惊心动魄的战争。

“这不知是一天里的第几次了，我从昏昏沉沉的睡梦中醒来，张开眼睛，屋内已经一片漆黑，街道上没有人声也没有车声，只听见桌上的闹钟，像每一次醒来时一样，清晰而漠然地走动着。那么，我是醒了，昨天发生的事情，终究不只是一场噩梦。每一次的清醒，记忆就逼着我，像在奔流错乱的镜头面前一般，再一次又一次地去重新经历那场令我当时狂叫出来的惨剧。我闭上了眼睛，巴西里、奥菲鲁阿、沙伊达他们的脸孔，荡漾着似笑非笑的表情，一波又一波地在我面前飘过。我跳了起来，开了灯，看看镜子里的自己，才一天的工夫，已经舌燥唇干，双眼发肿，憔悴不堪了……”昨天究竟发生了怎样的事，让三毛寝食难安?

沙伊达是一位拥有异常美貌的女人，面似皎月，明眸皓齿，是沙漠上唯一受到过高等教育的姑娘。她曾经在镇医院做助产士。其实她是个可怜的姑娘，自幼父母双亡，因为拥有绝世美貌而被沙漠里的女人嫉妒，所以一直以来都是孤身一人。

沙伊达的美貌一直深深藏在面纱之下。沙伊达曾经在三毛家里用餐的时候掀开过面纱，她的美貌震惊了在场的所有人，大家都因为看到了她的美貌而屏住呼吸，似乎生怕呼吸声会惊扰了面前的美人儿。其实这是个大胆而危险的行为，按当地风俗，女性的容貌是不能让外人看到的，可沙伊达所受的教育让她并没有将此事放在心上，她落落大方的处世态度得到了西班牙人的赞赏，可却让撒拉威人恨之入骨。女人们开始用恶毒的语言咒骂她，男人们在她被行刑前一拥而上，疯狂地强暴了她。

其实沙伊达有丈夫和儿子，她的丈夫还是当地游击队的首领，名叫巴西里，那几年一直带着游击队东征西战，是撒哈拉威人心目中的英雄，也是西班牙人和摩洛哥人闻风丧胆的风云人物。当西班牙人决定撤离这块土地的时候，游击队便开始专心地和摩洛哥人作战，巴西里怕狡猾的摩洛哥人会用妻子和孩子威胁自己，于是隐瞒了自己和沙伊达的婚姻，就连自己的儿子都是放在孤儿院寄养的。

沙伊达的美貌早就让当地的男人垂涎三尺，流氓阿吉比就是其中之一。摩洛哥人收买了很多的撒哈拉威人做间谍，游击队领袖巴西里终于落入圈套后被杀，阿吉比趁机诬陷沙伊达是通风报信给摩洛哥人的叛徒，使得愤怒的撒哈拉威人将沙伊达绑了起来，进行了民族裁决和审问。三毛得知这个消息后疯狂地冲到广场，这个时候的沙伊达上身已经被愤怒的人群撕开，袒露的胸部和她颓然枯萎的面容一样暴露在众人面前。很多男子开始想要走上前去，因为按照游牧民族的规矩，他们只有强暴沙伊达之后再将其杀害。沙伊达信奉的天主教，和他们信奉的伊斯兰教没有冲突。

三毛想要冲过去救沙伊达，可却被邻居家的女孩拦住了。那个女孩常年和西班牙人生活在一起，她知道三毛已经让年轻一辈的撒哈拉威人感到不满了，如果这个时候冲进去，她会自身难保，愤怒的撒哈拉威人一定会将怒火延伸到她的身上。

三毛心痛地看着被绑在柱子上的沙伊达被阿吉比等人粗暴地扒光衣服，七八个男子将其按倒在地强暴她，她狂叫着，反抗着，可却是徒劳的，围观的撒哈拉威女人就好像出了口恶气，就这么看着这个美丽的女人被人践踏。

人群中终于冲进一个人，是巴西里的弟弟鲁阿，他举起手枪在人群中胡乱扫射一通，三毛听到一阵子弹声之后，人群一哄而散，广场上留下了沙伊达和鲁阿，一副凄惨的景象。

风沙带走了血腥味儿，可三毛却久久不能从这一场面中回过神来。她怔怔地站在广场上，直到荷西找到了她。

撤离撒哈拉

撒哈拉战争的突然发生让三毛感到措手不及，居住在那里的土著民族也没有了昔日的平和悠闲，而是迅速地聚集在一起，蓄积强力，准备为了民族崛起而反抗。他们要摆脱西班牙的殖民统治，拥有双重国籍的三毛和大胡子丈夫荷西就这么被划到了西班牙殖民者的阵营之中，被无辜地卷入到了政治阴谋里，他们从此失去了轻松惬意的生活。

在荷西的公司里，当一位白人员工站在桌子上发表极端殖民主义演说的时候，荷西的心中就会充满正义的怒火，和对方厮打起来。可即使是这样，他们还是被冠上了殖民者的恶名。那一刻的撒哈拉没有了往日的沉寂，战争随时可能爆发。

当时三毛仍然采取观望的态度，她从来没想过即将发生的事会改变她苦心经营了这么久的安逸生活。镇子上大半的西班牙人都离开了沙漠，回到故乡避暑。小镇竟然和死城一般荒凉，沙还是那片沙，天还是那片天，龙卷风依旧，只是突然有一天，民族自决的命运降临在小镇居民身上……

直到有一天，荷西面色凝重地回到家中，他拉着三毛绕过镇子上的外围建筑，看到了满墙的血字：“——西班牙狗滚出我们的土地——撒哈拉万岁，游击队万岁，巴西里万岁——不要摩洛哥，不要西班牙，民族自决万岁——西班牙强盗！强盗！凶手！——我们爱巴西里！西班牙滚出去。”直到此时，三毛才真正感受到了恐惧，那是一种近在咫尺的阴森气息，充满了血腥的气味，就好像一把尖锐的刀即将插入她的身体将她凌迟，那种恐怖的氛围近乎让她窒息。

此刻，三毛已经彻底清醒，撒哈拉已经不是当年的模样了。可即便如此，三毛仍然不愿离开，这里虽然遍地黄沙，可仍然是她心灵的皈依之处，那个苦心经营的温暖的家，更让她感到不舍。哪怕每天都有被人杀害的可能，她仍然不愿意走，仍然选择了停留在此。她不能容忍自己的背弃，也同样无法让撒哈拉独自承受苦难。

1975 年 10 月 17 日，西属撒哈拉问题有了裁决：西属撒哈拉，享有民族自决权利。就在撒哈拉威人为胜利而欢呼的时候，三毛却有种大祸临头的不祥预感。果然，当晚撒哈拉电台响起了播音员沉痛的报告声："摩洛哥国王哈珊，招募志愿军，明日开始，向西属撒哈拉和平进军。"第二天，原本只需要三十万人的招募，却有两百万人签了名。摩洛哥开始了正式的"和平进军"。

同年 10 月 21 日，西班牙政府扩音器的声音就没有停止过，他们紧急疏散着西班牙的妇女儿童。就在那一刻，民心四散，镇上的人开始忙着搬离这个是非之地，每个人看到三毛的时候都催她赶紧逃离，当时的阿雍小镇在一夜间变成了空城，就连街道上的警察都消失了。

荷西仍然每天在磷矿公司的浮堤上忙碌着，他已经顾不上回家看三毛了，于是他托朋友给三毛买了机票，让她迅速离开撒哈拉。

漆黑的夜晚，镇外公路上发出震耳欲聋的爆炸声，紧接着就是一辆辆坦克开过的声音，三毛家里的门窗紧闭，门上绞着双重铁链，不敢多开一盏灯。屋内是整理好的行李包和箱子，里面是她和荷西三年来积攒下的东西，房子里是她亲自做的家具，烤漆灯具是她拾荒来的，他们带不走了。三毛最后一次抚摸着这些工艺品，用心感受着她曾经留在上面的爱，就好像看到时间顺着指间缓缓流过。

突然，门外传来了敲门声，三毛打开门，门外的是荷西的同事，他过来接三毛去机场，三毛回头深深看了眼屋内，随后仓促地上了吉普车，赶往机场。

在战火纷飞的情况下，三毛登上飞机，成为最后逃离撒哈拉沙漠的西班牙籍妇女，从那之后，她再没能回到此地。

随着飞机越飞越高，路边错落的帐篷逐渐消失，阿尤恩变成了一个小黑点，只有撒哈拉如同静默忧伤的渔网，闪现出神秘的微光。残暴、海市蜃楼、异域音乐、拾荒而来的艺术品……一切都渐渐远去，她感到从未有过的不舍之情正在淹没她的视线。“别了，亲爱的撒哈拉，亲爱的撒哈拉威人，我会永远记住你们。”三毛在心里默念着……

等待中的煎熬

飞机缓缓降落，不过并没有飞到她预期的西班牙，而是飞到了西班牙北非的一块殖民地上——大西洋中的大加纳利岛。大加纳利岛和撒哈拉仅有一水之隔，这座美丽的岛屿就像大西洋的珍珠一般，那么圆润、富足，没有棱角，散发着温和的光芒。三毛降落到这里，为的就是等待荷西的到来。

这个时候的荷西仍然在阿尤恩的公司里上班，他在和同事们撤离最后一批物资。等待荷西归来的日子里，三毛寝食难安，她不知道荷西究竟什么时候才能回到自己身边，是否能安全地回来，她忐忑不安了。而她得到的答案永远是“快了，快了宝贝”，却始终没有确切的日期。

摩洛哥军队里都是骁勇善战的精兵，他们挥舞着刀枪走到了三毛的梦里，梦中，野蛮的摩洛哥人将刀架在了荷西的脖子上。不知多少个夜晚，类似的不吉利的梦将三毛从睡梦中惊醒，使她无法再进入梦乡。嘈杂的海浪声拍击着三毛的胸腔，使她久久不能平静。

三毛终日活在梦魇之中，变成了念念有词的女巫，有的时候会突然跳起来想要解开那些莫名的咒语，希望可以保全荷西，让他平安回来。荒诞行为的背后是三毛终日提着的心，她深爱的人正处在水深火热之中，让她如何在平静小岛上独自安宁？

三毛将自己的灵魂毫不吝啬地附在了荷西身上，荷西活着，她就活着；荷西死了，她也不会独活，如果荷西遭遇不测，一定会随他死去。这种生死承诺并没有在她来到撒哈拉以前存在过，三毛清楚地记得自己从未像现在这样爱过荷西，哪怕是和他结婚的时候，也从来没想过世界上没有荷西不行。毕竟，三毛曾经有过那么多的追随者，荷西只不过是唯一一个和她有一纸婚约的人。

艰难的沙漠时光，穷困潦倒却相濡以沫的生活，以及共同经历的战火硝烟下，飘摇不定的日子，使荷西成为三毛的唯一。如今三毛已经习惯有荷西相伴左右，如果荷西回不来……她不敢去想，第一次感到恐慌。这种恐慌感如同无边的黑暗，三毛已经转变成了深闺怨妇，她叼着烟卷从房子的这头走到那头，看到的却是一成不变的海涛和浪花。

等待荷西的那段日子里，她每天就这么在屋子里踱步，不知不觉中，房间里已是一地的烟头，她伸手向抽屉里取烟，却发现烟已经被抽光了。这段时间，她平均每天要抽三盒烟，睡眠几乎被毁掉，不吃饭，只喝水，瑟缩着身躯撑了足足十四天，直到第十五天荷西回来。

当荷西再次看到三毛的时候，她的面色已经苍白如纸，无法出声，只是喜极而泣。爱人温暖的拥抱将她的灵魂释放出来，她的生命在荷西面前如此悲哀和低贱，她决定，从此再也不与荷西分开。

美丽的大加纳利岛

大加纳利岛美丽而妖娆，物产丰富，热情似火，以旅游业为主，这里居住着来自世界各地的人们，常住人口达五十万。这里和撒哈拉沙漠离得很近，常年少雨，阳光普照，四季如春，没有明显的气候变化。甚至有传言说常年生活在这里的人能收获永恒的爱情，如岛上四季如春的气候一样被定格。

三毛却不这样觉得，在她看来，爱情并不是能被定格的东西，她最终选择在这里定居并不是为了收获永恒的爱情，而是因为作为优秀潜水员的荷西必须傍水而居，才可以实现自己的梦想并拥有稳定的收入。

海边居住着很多退休的老人，他们喜欢这里宁静、安逸的生活，讨厌外界的喧嚣。三毛与荷西在撒哈拉惊魂中吸取了教训，宁愿独自享受人生，也不愿意再和邻里有来往，以免惹出是非。

此后，三毛看上了“小瑞典”，那是一片纯白色的建筑，远远看去就像是下凡的云，高高驻扎在山冈之上，海天相接，朵朵白云甚是可爱。纯白色的房子错落有致，美丽的沙滩上住着一户户居民，打开窗子就能看到对面蔚蓝的大海。这里距离城市有二十多里，远离繁华，静谧而安逸。

就这样，两人在沙滩旁买了这幢美丽的西班牙式建筑的别墅，可以透过窗子看到美丽的海岸线上拍起的白色浪花，以及挥动着翅膀在天空飞翔的海鸥。这种花园别墅非常昂贵，三毛与荷西都是爱浪漫的人，咬牙买下这栋别墅之后就身无分文了。

三毛家的后院有个用细草秆铺成的凉亭，是非常不错的休憩场所。凉亭里还设有可以坐人的大树根、木头段，和自然浑然一体。桌子则是海边捡来的废弃的船上的厚重方形压舱盖。

三毛的拾荒给平淡的生活增添了不少色彩。

客厅中间有一面很大的窗户，上面挂着米色窗帘，随风摇曳，飘逸而美丽；地上铺着黄色地毯，沙发是老式的碎花样式，上面放着很多靠垫，有的已经有些破损；古雅的白色台布罩着老式茶几，灯罩用藤条编制而成，非常低；一排大书架几乎占据了整个墙面，上面摆满了各种书籍；一套雕花木餐桌和椅子，雕刻得虽然不怎么精细，可却散发着自然的味道，被摆放在沙发对面。明亮的客厅被白色覆盖，细藤家具，竹帘子。不难看出，三毛是个非常崇尚古风的人。

古式的加纳利群岛的“石水漏”被放在了美丽的高木架上；藤椅上放着红白相间的坐垫，上面靠着碎布拼凑出来的布娃娃；墙上挂着已经生锈的大串牛铃——一种非洲乐器，阿富汗手绘的皮革；屋梁上是棕黑色的原木，无数盆景被错落有致地摆放在屋子里；地毯用草编制而成，给人一种色彩斑斓的感觉；旧画架被摆放在墙边。

住在这座美丽的房子里，两人的精神得到了极大的满足，可物质方面却发出了警戒信号。

拮据的“王子”和“公主”

荷西用了很长的时间才在岛上找到一份合适的工作，两人开始憧憬他们的美好未来，就像当初在撒哈拉的那段日子。

住在海边的那段时间，两人除了看风景就是钓鱼，海浪不断地冲击着岸边，三毛的眼睛早就盯着鱼竿上的丝线了，完全没有注意到海浪和海里不时行过的船只。还没握鱼竿多久，三毛就觉得自己有些握不住了，手臂轻微发抖，身旁的荷西赶忙过来揽着三毛，接过她手中的鱼竿。有荷西在身旁，三毛从来都不怕。

不过这种惬意的日子并没有持续多久，一个月后，荷西失业了。大加纳利岛上的生活太过闲适，生活节奏非常慢，虽然荷西是一名潜水工程师，可当地人并不需要这个职业。连续找了一个月工作无果之后，三毛与荷西的生活都成了问题。两人没有钱买食物，就像是住在美丽城堡中的亡了国的公主和王子一般，每天困窘到只吃一顿生力面度日，连多余的力气都没有。

一个英俊的男人由于没有工作而面容憔悴，满面愁容。分期付款的房贷日日紧逼，他们虽然相亲相爱，可也不得不为生计而发愁。

三毛是何等高傲的人，竟然为了荷西而给蒋经国写信，恳请他为荷西在中国台湾谋一份差事，蒋经国却回信道歉说中国台湾没有适合荷西的工种。

到最后，荷西觉得自己已经无颜面对三毛，虽然三毛一再反对，可他仍然执意回到了原先在撒哈拉沙漠中的工作岗位上。当时摩洛哥已经完全占领了西属撒哈拉，那片土地上时刻爆发着游击队鬼魅幽灵般扔出的地雷，烽火连绵，枪林弹雨，几乎所有的人都已经撤离了撒哈拉，只有两家较大的公司仍然持续在那儿勘探矿井，公司老板开出了惊人的报酬吸引员工前来就职。

回来工作之后，荷西似乎找到了作为男人的尊严，他欣喜地将赚来的大把钞票塞到三毛的手中，希望可以将自己的快乐带给三毛，让她生活得更安逸些。可三毛并不满意，每隔一星期的见面比在撒哈拉沙漠的时候更难熬了，眼下生活是有了保障，可丈夫的安危却没了保障。

除了每周一次的见面，其余的时间三毛都是独自面对美丽的景色自言自语的。撒哈拉沙漠已经陷入了战争的恐惧之中，荷西随时可能有性命之危，可能会在某个瞬间传来不幸的讯息。最终，三毛还是陷入了等待的惊恐之中。在一个惴惴不安的下午，她心不在焉地出门，却使她遭遇了一场车祸——右腿骨折。这次骨折花光了她刚攒下的一笔钱，只能躺在床上的三毛变得更加疑神疑鬼，她开始怀疑自己是不是要被抛弃了。这毫无由来的恐慌，让三毛变得神经质起来。

虽然现在的贫困日子不能和撒哈拉沙漠相比较，可却让她在每一次跟荷西分别的时候感受到了死亡的气息，每一个孤独的夜晚深深地覆盖在她的身上，她被压迫到不能呼吸，似乎有某种诡异的声音在呼唤她，让她将自己的丈夫找回来。每当这个时候，三毛就会跳脚起身，拼命拉住荷西的衣角，眼里满是泪水，就好像荷西一走，他们便天人相隔一般。她会紧紧地抱住荷西，问他："荷西，如果我死了，你会怎么办？"荷西会轻轻地说："你死了，我也跟着死。"

荷西最终还是不忍心看三毛那惊恐的眼神，答应她辞掉撒哈拉沙漠的工作，可这也意味着他们再次陷入生活危机。就这样，三毛又一次开始拿起笔写作了。这是三毛第一次为了生存写作，在加纳利群岛生活的那段时间，她的作品比在撒哈拉沙漠时期多了好几倍，而她在这个地方的居住时间并没有在撒哈拉沙漠的居住时间久。不难想象，她是如何拖着疲惫、虚弱的身体，在灯光下苦苦思索赚取稿费的。

被遗忘的跛脚加里

三毛搬到社区后，就发现社区里基本都是老人，这里虽然很美丽，但因为沉寂而不受年轻一辈的欢迎。社区的瑞典负责人重重地跟他们握手之后，又叹了口气，既表示了对他们的接纳，又似乎有些惋惜。

从车上搬东西进新家那天，每幢房子里都有人从窗口向外张望，大概一个月左右，这条街上的邻居大部分都被三毛和荷西认识了。早晚经过他们的家，三毛都会和他们打招呼。三毛经常觉得这里“埋伏”了很多人，虽然表面安静得出奇，但说不准什么时候就冒出一个人来。

一开始，三毛还以为隔壁没有人，经常跳到他们家的院子里采花。那个鬼屋一样的小院子的花床一向开得如同彩缎子，三毛经常会采摘白色的小菊花，一直也没怎么注意到那幢门窗紧闭的房子，那里的窗帘被完全拉上了，三毛从来都不觉得房子里有人。她绕了一圈，开始对着窗子内张望，突然看到了一张没有表情的、可怕的老脸正在注视着自己，把三毛着实吓了一跳，结结巴巴道了句“日安。”

老人是瑞典人，名叫加里，会讲德文。两个人随便聊了几句之后，三毛就和对方握了握手爬墙回家了。回去后，三毛仍然心有余悸，那个满脸皱纹、又脏又臭的老人吓到了她，而且她还看到老人的脚是跛的。

但是自从那天见到加里之后，三毛一直想念着他。过了几天，三毛和邻居聊天，随口提到了他。原来，加里搬到这里已经快两年了，但是从来不和任何人来往。这个神秘的老人让三毛产生了心理负担，她每天望着一片繁花似锦的小院落里一扇扇紧闭的门窗，总想着那位老人什么时候可以出来晒晒太阳。可是，他就那样一直待在自己死寂的房子里。

之后三毛开始给加里送菜送饭，时常叫他出来晒太阳，帮他打扫房间。老人的房间里是堆积如山的空食物罐头，散发着令人作呕的气味。衣服、内裤如同深灰色的抹布，墙面也是黑漆漆、脏兮兮的。床头上放着一对夫妇和一个五岁小男孩幸福地坐在草坪上的照片。

加里其实有很多钱，他买了很多罐头，每天只是靠吃罐头过活。照顾加里的时候，荷西发现了加里的右脚已经烂掉了两根脚趾，露出红红的脓血，整个脚呈现出黑紫色，肿胀得很严重。三毛蹲下身去，将老人的裤筒拉了起来，紫黑色的肉都快烂到膝盖，两人都不由得打了个寒战。

三毛想要通知老人的家人，可老人却沉默了，泪水浸透了他那布满皱纹的老脸，这个孤独的老人已经很久没有和外界接触过了。三毛找到了社区里的另一家瑞典人，想让他们帮忙用瑞典话问问那位老人是不是有家人住在岛上，有没有医疗保险，家人是不是能照顾他，可却遭到了拒绝。随后三毛又找到社区负责人说明了加里的病情，可仍旧没有人肯帮忙。

第二天，三毛又爬墙过去看加里，他正躺在床上，嘴唇干裂，手里紧握着自己的钱和护照，他看见三毛，将手中的钱摇了摇。三毛喂老人喝了点水，翻开护照，才知道老人只有七十三岁，却被家人丢弃到这个几千里外的海岛上等死。

左邻右舍开始躲避三毛，他们担心自己也会被找上，摊上这个麻烦事。三毛跟荷西一起带着老人去了医院，荷西抱着老人干瘦的身体出门时，不小心将脚撞在了床角，脓血瞬间流了一地，臭味弥漫了整个房间。加里却一个劲儿地道谢。国际医院的医生建议锯掉加里的腿，加里满眼泪水，断断续续地说出了一长串的话：“我——太太没有，没有，分居了——孩子，不要我，给我死——给我死。”

三毛没想到，加里居然要求自己死去，一个人只有在对生活完全没有指望的时候，才会这么说吧。三毛问了他几次，固执的加里已经不再说话。最终三毛也放弃了，他的寂寞和创伤不是他们造成的，他们也无法给予他坚强的意志，到最后，还是荷西说服了加里锯脚。

加里锯掉脚的第二天，三毛就催着荷西开车进城。走进病房，腐尸般的臭味迎面扑来，三毛忍住呼吸走了进去，只见床单上一大片殷红的脓血已经干了，还有些新血沿着纱布流出来。很快，荷西叫来医生，医生和护士的态度却非常恶劣。

几天来三毛一直寝食难安，有时间就会到加里的房子里看看，除了一些陈旧的衣服和几条破皮带，几乎没什么值钱的东西，屋内的破旧和窗外的盛开的鲜花形成了鲜明对比。

最后一次看到加里是在一天晚上，荷西和三毛仍然是每天都会到城里的医院看望他，三毛还给他看了一个电动轮椅。那天晚上，加里已经能清楚地叫出三毛和荷西的名字，他告诉三毛，明天自己就可以回家了，医生也说他能回家了，三毛激动得流下热泪。

第二天，三毛和荷西帮加里换了新床单，在他的家中洒了很多花露水，家具被摆放得整整齐齐，三毛还到花园里剪下一大把野花，一直布置到中午 12 点多才去医院接加里。可走到加里的病房之后，三毛并没有看到加里，绿色的空铺上铺着床罩，整个病房变得非常整洁。正当两人疑惑的时候，护士小姐走了进来，告诉他们当天早晨加里已经死去的消息。三毛不敢相信这个事实，就在昨晚，他还和自己说话。可护士却告诉他，此刻，加里已经躺在了殡仪馆……

医院门外，阳光普照，天空湛蓝，平静的海面上吹着轻柔的海风，街上是奔跑着的汽车和谈笑过街的红男绿女。这么美丽动人的世界，却无法掩饰住角落里的悲哀……

“老疯子”和“小疯子”

在荷西去沙漠工作的那段日子里，三毛每天早晨都会开车到小镇上开信箱、领钱、寄信、买菜、看医生……自从搬到大加纳利岛之后，三毛便不打算再和邻居们结识了。可似乎她的打算并没有得到上天的首肯，每当她的车缓缓开出那条通公路的小径的时候，总有邻居会步行着下坡去镇上办事。

三毛的空车经常需要停下来载人，有时是年事已高的老人，有时是提了东西走路的人，有时是走在上学路上的小孩子……雨天她要停车，出太阳了也要停车。总之，三毛的车很少载不满，当然，载客的对象都是同住在一个社区里的人。

三毛听人说，天下老人都是自哀自怜的，开口闭口就是寂寞无聊的人生，所以三毛除了在开车的时候会停车载他们一程，平时并不和他们说太多话，也不告诉他们自己住在哪幢房子，以免又落入沙漠邻居那样的陷阱中。

荷西放假回来的时候，他们就过着平淡亲密的家居生活。

荷西离开时，三毛就自己在家里种花，看到邻居一句话也不多说，只是道安，三毛也很享受这种隐士生活。

三毛觉得老人一点用处也没有，所以她宁愿独自看着大海上飘过的船，都不愿意和他们说话。一天中午，三毛坐在窗前数着海平面的船只，看到窗下面那个瑞典清道夫又推着自己的小垃圾车走了过来。老人的胡子已经晒得焦黄，光着胳膊，穿着短裤，光着脚，看人的目光非常锐利，佝偻着身躯，他最大的嗜好就是打扫社区街道。后来三毛才知道，他并不是被雇用来这里打扫卫生的，而是自愿的。他用一把小扫帚把街道打扫得非常干净。海风吹落了花瓣，他就一遍遍地把它们拾起来。三毛实在不忍心继续看下去，也蹲下身帮他捡起花瓣来，等他们捡到头都快碰到一起时，三毛抬起头朝着他微笑，用德文问他："您满意了吧？"老头子这才站直身子，表情严肃地盯着三毛。三毛问了他很多问题，比如为什么不收费等，可他却默不作声。

一个星期后，老疯子的身旁多了个小疯子，只要中午看到老人，三毛都会开心地跑过去和他一起打扫街道。有意思的是，老疯子认认真真地打扫，小疯子却是摇下树上的叶子，美丽的社区被清洁得就连不穿鞋子也不会弄脏脚。三毛突然觉得老人并不像传说中的只会怨声载道、没有用处。

可爱的老邻居们

一天，三毛到镇上买菜，买好了菜之后，正准备开车回家，才发现她家上一条街的德国老夫妇也提菜走了出来。三毛轻轻按了下喇叭，示意他们上车一起回家，不用等公共汽车，两个人带着感激之情上了车。

到了家门口后，他们走下车，三毛看到他们那么老了，心里就好像发了神经病一般，居然说了句："我住在下面一条街，十八号，也就是你们阳台下面，有什么事的话可以过来叫我，我有车。"说出口之后三毛又有些后悔，赶快补充："当然，我指的是遇到很紧急的事可以来叫我。"老人却笑眯眯地说："嘻嘻！你的意思是我突发心脏病就去叫你，是吗？"

三毛当时就是这个意思，居然被这个精明的老家伙猜中了，可对方却对她的不礼貌给予了同情，这让三毛愧疚了好一阵子。一个星期后，那对夫妇果然在一个黄昏来到三毛家门口，三毛看到他们，就想要去车库里开车。

老公公盯着三毛问道："女孩，你开车干什么？"

三毛大声地回答道："我哪里知道做什么。"

老公公说道："我们是来找你散步的。我们走路就可以了，为什么要开车？"

三毛心想，两个老家伙加在一起都有一百八十岁了，还要拖拖拉拉去散步，自己实在不想去，于是问道："你们要去哪儿散步？"

老婆婆亲切地说："沿着海湾走去看落日。"

"好，我去，但是我走路很快的哦！"说完，三毛就关上门和他们一起下山坡去了海边。

三小时后，三毛的脚都肿了，颈子上围着老婆婆的手帕，身上穿着老公公的毛衣，累得气喘吁吁。

老公公沾沾自喜地望着三毛，说道："年轻人，要经常走路，不能总是坐在车子里。走一趟就累成这样，将来上了年纪可怎么办才好。"三毛瞪了老公公一眼，没有说话。

三毛在后院里种了点萝卜，每星期荷西回来之后都会过去拔，看看长了多少。可是，一片萝卜总也不见长，拔出来的萝卜又细又小。

一天，三毛正一个人蹲在那里看看萝卜是否长大，看得太专心了，竟然没注意到短墙外有人正站在那儿瞧。"哈哈哈"，传来一声笑声，三毛被吓得跌坐在了地上。抬头一看，是自己的右邻，手中拿着油漆刷子正站在扶梯上看她。

三毛耐着性子说道："这些菜不肯长。"

那位邻居却说："你过来看看我的花园。"三毛狐疑地走了过去，映入眼帘的是一片花红柳绿，美不胜收，再回头看看自己家的园子，居然连杂草都不愿意生长。

三毛立刻跑回房内去抱出园艺书放到墙上，对邻居说："我完全是按照书上说的做的，可它们就是不肯长。"

那位邻居爬过梯子跳下墙来，对三毛说："光看书是不行的，我来替你种。"

两个月后，老头子替三毛种的洋海棠都长得很不错。三毛吃惊地问道："您没有退休之前是花匠吗？"

老人却幽默地回答道："我做了一辈子的钱匠，在银行里帮别人数钱。退休之后，我太太身体不好，我们就搬到了这个岛上。"

三毛疑惑地问道："可是我从来没有见过您的太太。"

他转头望向大海，深深地说了句："她，去年冬天死了。"

三毛蹲在地上挖泥土，不敢去看对方的脸，口中却诚恳地说了句："对不起。"

她轻声问老人："您总是在油漆房子，不累吗？"

老人回答道："不累，等哪天我也死了，我就和太太再搬过来住。到了那个时候，我们可以看到你，你却看不到我们了。"

三毛问："您指的是说灵魂吗？"

老人问道："你怕？"

三毛回答道："我不怕，我只是希望您可以显出来让我看一次。"

老人哈哈大笑起来，三毛看到他失去老伴之后还可以如此有活力，对他有些反感起来。

于是问道："您不想您的太太？"

老人回答道："孩子，每个人都会走这条路，我当然怀念她，但是上帝不愿意让我走，我就必须努力快乐地活下去，不可以自暴自弃影响孩子们的心情。"

三毛问："您的孩子不管您？"

老人回答道："他们都有自己的事情，我一个人住反而不觉得自己是个废物，不需要他们来照顾。"

话毕，老人又提着油漆桶刷墙去了。在中国，"养儿防老"天经地义，可是在这位老人的眼中，自己还是送自己终老的人，这种豁达的人生观是大智慧的表现。

后来三毛又认识了艾力克，他已经退休，经常替邻居们做零工，即使非常忙碌、劳累，也不肯收钱。有一天，三毛要修车房门，去找芬兰木匠，刚巧芬兰木匠不在家，别人就告诉她去找艾力克。当时艾力克已经七十四岁了，可他仍然每天拖了工具帮大家修东西，整个人看起来非常有活力。

给三毛修完车房门后，艾力克问三毛："今天晚上我们有一场音乐会，你想来吗？"

三毛问道："在谁家？什么音乐会？"

艾力克回答道："在我家的天台。都是民歌，有瑞典的、丹麦的、德国的，欢迎你过来听。"

那晚，在艾力克家宽大的天台上，老人们都抱着自己心爱的乐器开心地弹唱着。三毛坐在栏杆上静静地看着他们的演奏，他们的乐器有笛子、小提琴、手风琴、口琴……还有拍掌的节奏，悠扬的口哨声，老太太优美的歌声。艾力克拉着小提琴，有个老人顽皮地走到三毛面前邀请她一起跳舞。三毛从来没有和这么优雅的上一代跳过舞，没想到他们居然这样吸引自己。他们牢牢地把握着自己已经不多的人生，让三毛很是感动。

那天晚上，月亮照着海平面，衬着眼前的情景，三毛情不自禁地想到了死的问题。生命如此美丽，上帝为什么要将他们一个个收回去？三毛希望自己可以永远地活下去，永远不离开这个世界。等三毛再去找艾力克的时候，是因为她要锯一截海边拾来的漂流木。开门的是一个七十多岁的寡妇——安妮。

见到三毛，安妮显得很高兴：“三毛，我们有好消息告诉你，刚好这几天想告诉你。”

“什么事让你这么开心？”三毛笑吟吟地打量着穿游泳衣的安妮。

安妮开心地说：“艾力克和我从上个月开始同居了。”

三毛非常吃惊，开心地将她抱起来打了半个转，随后祝福道：“太好了，恭喜恭喜！”三毛伸着脑袋看向房子内，艾力克正在拉琴，没有停，只对着三毛点了点头，三毛跑到房内，对艾力克说道：“难怪那天晚上总看到你请安妮跳舞，原来你在追求她啊！”

安妮立刻到厨房给三毛煮咖啡，安妮就这么幸福地忙碌着，艾力克似乎有点沉默，好像害羞地不敢抬头。

安妮突然问三毛：“你在乎不结婚同居的人吗？”

三毛回答道：“那完全不是我的事，你们怎么做别人都没有话语权。”

安妮：“也就是说你是赞成的？”

三毛：“我希望每个人都幸福，无论他们结不结婚。”

安妮："我们不结婚，因为结了婚我就无法领取前夫的养老金了，艾力克养老金只够他一个人活。"

三毛："你不用对我解释，安妮，我并非古板的人。"

等艾力克去给三毛找锯子的时候，三毛在客厅书架上看起了放在那里的照片，如今也已经加进了安妮全家的照片。艾力克的前妻的照片仍旧放在老地方，没有被取出来。

安妮对三毛说："我们都有过去，我们同样怀念着过去的那一半。但是人要活下去，必须继续寻找幸福，这并不代表否定过去的爱情……"

三毛："我明白，你要说的是人的每个过程都应该是充实的，不该空白，你的做法很自然的。安妮，不用对我作过多的解释，我了解！"

借完锯子之后，三毛就到海边锯木头，当时已经到了黄昏，晚霞红透半边天。三毛一直工作到天快黑的时候才拖着锯子和木头回到家里。她将锯子放到艾力克的木栅内时，安妮正在厨房里唱歌，七十岁的人还可以从歌声中听到爱情带来的欢乐。

三毛慢慢地往家走，还要过四天荷西才可以回家，她就只好自己住在这个老年社区之中。她本以为会感染他们的悲凉和孤寂，却没想到他们如此热爱生活和生命，这着实给三毛上了堂课。

独自飞回中国台湾

稿费的陆续到来勉强交付了房租，支付了日常生活，除此之外再无结余。荷西每次看到太太以病体忙碌的时候，都觉得很是懊恼，他不要她跟着自己这么窘迫地活下去。此时的三毛也陷入了沉思，妇科病的袭来，下体出血的严重，让她不得不长时间平躺以缓解血液的流出。哪怕盖着厚厚的被子，她都感觉到了浑身发冷。三毛突然感觉到自己可能快要死了……

她拒绝住院，因为住院要花费高昂的医药费，他们没有，而且她坚信自己的病医生治不了。病痛让三毛变得忧郁而缠绵，她整天黏着荷西，常常担心一放手就是永别，看到家里的信笺时她会泪如雨下，无法抑制住对亲人的思念。此时的荷西意识到，该送三毛回中国台湾了。虽然三毛不说，可是他无法让她在强大的自尊下度日了。妻子的身体极度虚弱，他不但不能提供良好的医疗条件，甚至不能供给她一日三餐，他终日处在羞愧和不安之中。

三毛希望荷西能与自己一起回台北，因为到目前为止，荷西都还没有见过自己的家人，刚好趁着这个机会一家人团聚。她在外漂泊太久了，是时候回去歇歇了。可荷西却拒绝了她的提议，他无法承认自己的失败，作为一个男人，他觉得自己的自尊被踩到了极点，他无法让太太病愈已经很是愧疚了，难道还要和太太一起回到她的家里去蹭饭吃吗？

这是三毛跟荷西结婚之后的第一次争吵，他们互相不肯妥协和让步，三毛无法理解荷西的苦衷，她甚至觉得自己被抛弃了，荷西只在乎他的自尊。

争吵之后，三毛独自飞回台北，这大概也是荷西最想要的结果。在机场临别时，三毛始终阴沉着脸不说话，她希望荷西可以突然改变主意。可直到飞机飞到高空，荷西也没有答应和她一起回中国台湾。飞机上，三毛看着越来越模糊的荷西的脸，泪水止不住地流了下来。

一下飞机，三毛就被人群包围了，鲜花从四面八方向她靠拢过来，三毛被闪光灯刺痛了眼睛，她在四处搜寻，希望可以找寻到自己的家人。她不停地抓住自己的衣角，希望自己能镇静下来。楼梯下都是热爱她作品的读者，高举小旗呼喊她的名字，缝宽的眼中闪现出激动的泪水，因为他们知道，此刻在他们眼前的就是奇女子三毛，为他们描摹出对远方和自由的无限幻想的流浪人。

三毛没想到，自己离开中国台湾十年的时间，竟然凭借《撒哈拉的故事》倾倒了万千读者，三毛的名字也被中国台湾人熟知。读者们送来了数不清的鲜花，记者们不断地前来采访，饭局一个接着一个。不过三毛并没有在如此风光的环境中迷失自己，她在这段时间里完成了两件大事：第一，拜老作家徐訏为干爹；第二，凭借中医治愈了自己的顽疾。徐訏是中国知名作家，曾著《鬼恋》《江湖行》《吉卜赛的诱惑》《风萧萧》等作品，三毛非常崇拜老先生。

三毛和徐訏是在一场饭局中认识的，徐老先生非常激动，脱口而出说自己想认三毛做干女儿。三毛是个机灵人，于是当即给徐訏行了女儿礼，拜他为干爹。

另一件事就是台北的朱士宗医师用六十粒中药丸治好了她的下体出血。在三毛的潜意识里，中医是一种类似巫术的东西，只有她才能解开自己身上的咒语。

每天的饭局应酬让三毛感到厌倦，她无法接受一群人如此浪费食物。她想到自己曾经跟荷西忍饥挨饿的日子，再想到荷西可能独自在异国他乡过着困窘的生活，她再也无法独自享受如今的奢侈了。每到夜深人静的时候，她都会在心中默默叨念：荷西，荷西，没有我的日子里，你还好吗？

其实此时的荷西过得并不好，他为了给三毛铸造一个舒适的家，远赴尼日利亚工作，赚钱养家已经成为他的唯一追求。男人的自尊是很脆弱的，稍一碰触都有可能轰然倒塌。荷西的心里其实也有着埋怨和不甘，只是他觉得自己没脸说给三毛听，只是在心里埋怨着自己。他也在期盼心爱的三毛能早些回来，也体会到了当初三毛等待他归来的日子里是多么的无助。如果有爱人守在身边，一切苦难都容易熬过，一切挫折都可以被战胜。

荷西遇到了一个凶狠狡诈的老板，不但克扣他们的薪水，而且还扣下了他们的护照。荷西一开始只在大公司做过职员，根本不懂得如何保护自己的权益，只是拼命地工作着，希望老板能良心发现。毒辣的热带阳光照射在身上，荷西瞬间汗流浃背，可他却经常每天玩命工作，十几个小时的户外劳作，让荷西在短短一个月的时间里瘦下十斤。三毛得知后非常心疼，两次飞到尼日利亚和老板针锋相对，唇枪舌剑，勉强要下几千美金。

荷西一直坚持着，哪怕再苦再累，都要坚持到爱人归来，三毛是他唯一的精神支柱。此时三毛已经进驻到他的心里，和他融为一体，再也分不开了。

三毛不忍心让荷西独自承担家庭重担，于是开始每天伏案写作。随着集子一本本被印刷成册，三毛的稿费也越来越多，穷苦的日子终于过去了。

第九章

天人相隔：
再见了，我的爱人，荷西

丹娜丽芙的伊甸园

1977 年年底，荷西在丹娜丽芙岛上找到了一份新工作，主要任务是营造“海边景观工程”，也就是造出一片人工海滩作为旅游景点，不仅收入稳定，而且距离大加纳利岛比较近，三毛只需乘四小时的轮渡就能到丈夫身边。虽然如此，三毛却仍然不能忍受分离，于是在丹娜丽芙岛上又安了个家。当时丹娜丽芙兴建不久，三毛和荷西决定在这个地方定居，因为它绵长的海岸线需要进行整修和改造，给荷西提供了工作的机会。荷西的新工作就是每天潜水考察海底地形，这个工作浪漫而充满诗意，将一切的辛苦掩藏在了两人的温馨甜蜜之下。

丹娜丽芙岛比大加纳利岛更富生机，来这里居住的大都是各国的年轻人，交流的内容也更加活泼。丹娜丽芙更多的是夏日的绚烂，环岛簇拥着整个西班牙最高海拔的山峰：优雅的山形完美得如金字塔一般，常年流淌着日光的暖意；山顶的积雪与半山腰的繁茂植被相互映衬，格外动人。

少女时代曾学习过美术的三毛，突然有了绘画的灵感。她的冲动再次因为在大海的波涛中涌起，这一次，她只是想画画。于是，她光着脚踩在圆润的沙粒和鹅卵石上，精挑细选了几个鹅卵石后便转身跑回家中。此刻，她很想将内心的幸福描绘出来，在捡来的这块好像就可以无限延伸的石头上描绘出来。

回家之后，三毛关上门窗，在荷西惊愕的目光中，她把脸深深地埋进荷西的大胡子里，吻住荷西。荷西亦不肯撒手，他们亲密了很久，短短的几十分钟就好像已经过去了一个晚上，直到树上的鸟儿停止了鸣叫，才放开彼此。荷西用不解的目光巡视着三毛的脸，三毛没有说话，只是着手画画，这个时候她已经被莫名的幸福包裹，拿着画笔的手也变得颤抖起来。

三毛画出了一棵树，树上是一颗红果子，七只白鸟绕着树飞翔，两个裸体人坐在树枝的浓荫深处。天空之中挂着一轮弯月，月光很淡，雨点般洒在树梢。荷西回家后看到了这幅画，被画面上极致神秘的美感所吸引，他并没有对这幅画给予极致的赞美，而是用粗麻绳圈了一个小托盘，把这块石头靠着书架托了起来。两个人静静地欣赏着他们的杰作，不敢大声说话，似乎生怕惊扰了这份幸福。

不知从何时开始，三毛的眼眶盈满了泪水，除了感动和欢乐，她似乎看到了少女时代那个羞涩胆小的自己，当时的她有顾福生亲手教画，并给了她人生中第一份信任和美好。这个时候的三毛内心之中有些牵挂顾福生，可却没法向荷西表述出自己内心的情感。她默默地看着荷西走到外屋，找出一个精美的储物箱，将那幅石画放到里面装好，因为荷西担心将画放到空气中会使颜料无法持久保色，三毛轻轻走过去，抚摸着荷西的头。

文人的灵感一旦来了，就会一发不可收拾，有时候是一段文字，有时候是一本书，有时候又是一幅画。丹娜丽芙的美丽和温馨将他们的住宅变成了伊甸园，这一年，三毛和荷西比以往都甜蜜，他们不再因为经济问题而苦恼。荷西的工资很高，三毛的稿费也是时不时寄来，除了买别墅的花费，他们还还清了向阿尤恩公司借的钱，并且攒下了一笔不小的积蓄。这一年，他们不再因为彼此的生活习惯而发生争吵，不再因为聚少离多而惶恐，他们很是珍惜这样的美好生活，希望可以就这么一直居住下去，就这么度过一生。

当时有很多年轻商贩来到丹娜丽芙岛寻觅商机，他们来自不同国度，带来了各国的风俗。丹娜丽芙越来越热闹，三毛也因此结交了很多忠实的朋友，留下了很多有趣的故事。其中有个日本朋友和她的关系非常好，被三毛写入《相逢何必曾相识》中，书中三毛描述了这位日本青年如何彬彬有礼，她还在他破产的时候慷慨解囊，为他购买物资。

书中还记录了可恶的卖花老太太，装作穷酸的模样推销没有根的盆景，连续四次通过不同的方式诈骗了三毛与荷西的钱财。不过，三毛并没有在《稻草人手记》中表现出过多的无奈与愤恨，因为当时的三毛仍然过着舒适而安逸的生活，根本犯不着为这点小事而生气。

丹娜丽芙的西班牙文叫“Tenerife”，中文一般将其翻译成“特内里费”，三毛将其译成丹娜丽芙，其实是添加了自己浪漫的诗意情怀。她一直都非常喜爱自己居住过的地方，喜欢当地的人们，似乎这些都是她孤独心灵的慰藉，可以抚平她内心的忧伤。

装神弄鬼的拉芭玛岛

一天，三毛跟荷西逛店铺的时候，三毛一眼就看上了一个小玩意儿。那是中国台湾生产的划船女娃，女娃的头上扎着麻花辫，和三毛当时的麻花辫一样。店员看到后赶忙上前，说感觉女娃和三毛如同一对姐妹，难道不该买回去吗？三毛迟疑了一会儿，不过仍然没有买下。

几天之后，三毛准备糕点时，拉开烤箱就看到了划船女娃正和自己对视，三毛就拿起那个女娃在手里把玩，发现小船边上有荷西刻下来的字样——一九七八——Echo。三毛非常开心，她决定做一个大蛋糕放到船边。荷西回家后看到那个蛋糕，开心得合不拢嘴，他高兴地说："不得了，这艘小船钓上来一条好大的甜鱼，里面还存着新鲜奶油呢！"伴随着黄昏和奶油香气，三毛跟荷西相拥在一起，如神仙眷侣般享受生活。然而，这样的日子并没有持续多久。

1978 年年末，丹娜丽芙岛上的工作已经完成，荷西亲手打造了美丽的人造海滩。除夕之夜，荷西将三毛搂在怀里，坐在已经完工的大堤旁，看着漫天焰火。新年如期到来，可三毛却觉得这不过是离死亡更近了一步。丹娜丽芙水清沙白，绿树成荫，游人脚步流连。一到晚上，新年的烟火就会在天空中绽放成绚丽的花朵，子夜的钟声如同一扇悠久的大门慢慢开启了。

三毛不禁发出感叹，经历了这么多的风风雨雨，终于和自己心爱的人，拥有了属于自己的风景和安定。

午夜的钟声敲响了，荷西赶忙拉起三毛许愿，三毛闭上眼睛，口中一直叨念着："但愿人长久，但愿人长久，但愿人长久……"可却忘记了这首词的下一句是"千里共婵娟"。

一切美好竟因为一封电报而终结，电报的内容是通知荷西新工作的地点是拉芭玛岛。虽然看似是喜讯，可三毛的心却好像被什么搅动着，一股不悦的气息随之而来，让她不禁打了个寒战。她想劝说荷西不要去，可又没有合适的理由。

荷西也没多想，开心地去了拉芭玛岛，三毛自己一个人待在家里，却再也没有了之前的怡然自得。她匆忙地收拾好行李，就跟着荷西来到了拉芭玛岛。飞机刚一着陆，两座大火山先后映入三毛的眼帘，那是一股阴郁的深蓝色，好像在酝酿着暴发的时机，又似乎在低声诅咒。三毛突然说道："这座岛有些不对劲。"可荷西却没有在意她的话，只是一个劲儿地拉着她四处游逛，享受着重逢的喜悦。每到一个新地方，三毛都会产生一种窒息的感觉，她甚至不能开口说话，鼻腔发酸，眼泪即将夺眶而出。

突然，三毛想起自己一年前跟荷西来到这座岛上，那次，他们遇到一个女巫，她先是毫无预兆地在三毛的头上揪下一缕头发，之后又扯下了荷西的一缕胡子，之后满口胡言乱语地走开了。当时三毛非常震惊，如今想起，那似乎是个不祥的征兆。

荷西将三毛安顿在公寓里，这个小岛虽然很安宁，可三毛却再也无法安宁，她时常感觉到自己不适合这里，有时候甚至会无端落泪。荷西不敢说什么，只是说大概是这座小岛不太适合她，等到他做完第一期工程之后就和三毛回去。

不仅白天无法安宁，就连晚上三毛也是彻夜难眠，整晚被噩梦困扰着。三毛始终觉得，这是死亡前的警示。那种不祥的感觉越来越明显，她知道，那是逃不掉的宿命，所以更加珍惜跟荷西在一起的时光。三毛每天买完蔬菜水果回来之后，都会骑着车直奔荷西工作的码头。岸上的助手看到三毛，就会向水底的荷西拉信号。三毛走到岸边，荷西就会浮出水面。三毛把新鲜的水果、点心喂给荷西吃，荷西就毫不客气地在众人面前享受这份甜蜜柔情。每次荷西下潜的时候，三毛都会呆呆地望着海面；荷西浮出水面之后，她就会如同重获新生般欣喜。

荷西似乎也受到了三毛情绪的感染，他也更加留恋三毛，即使只有一两个小时的休息时间，他也会脱下潜水衣跑回家中。如果三毛不在家，他就会挨个挨个店铺去寻找，直到找到她并和她紧紧相拥在一起。

一天，三毛的身体不太舒服，没有像以往一样给荷西送水果和点心，荷西等得焦急，连潜水服都没脱去就急忙跑回家。三毛从床上坐了起来，轻轻地抚摸着荷西的大胡子，不舍地说道：“如果我死了，你一定答应我再娶个温柔的女子，听到没？”荷西却一改往日温和，有些生气地回答道：“你最近不正常，不和你讲话，如果你死了，我一把火将家烧掉，之后上船去漂到老死。”那一刻荷西表情严肃，他爱三毛爱得竟然遗忘了自己，又怎会允许三毛轻易说出“死”这个字。三毛就是他灵魂的一部分，是不可代替不能缺少的。

那段日子里，虽然三毛并未能走出阴郁和担忧，却是她和荷西最温存的时光。荷西下午四点下班，以后的时间他们就在一起疯玩，多想就这样到地老天荒。

离别竟成了诀别

三毛跟荷西如同天下的情侣一样，不贪恋宁静，反抗平庸。就在三毛拼命想平复心绪，尝试着找寻几丝安宁的时候，诅咒好像悄悄地走到她的身边。一本杂志向三毛约稿，题目是“假如你只有三个月可活，你要怎么办？”三毛看着这个题目，心里却是莫名地悲伤起来，好像被预告着期限，被倒数着时间。

荷西似乎看到了三毛的不对劲，他问三毛为什么突然眉头紧蹙。三毛将事情的原委讲给了荷西听，荷西却对三毛说：“我们会一直在一起的，一直到很老很老，两个人都走不动了，就相互搀扶，穿上干净的衣服，一起躺在床上，闭上眼睛说：好吧！一起去吧！”荷西说着说着，眼眶中竟然泛出泪花，三毛忍不住轻声回答："傻瓜，我不肯死，我还要给你做饺子呢！"说着就跑向厨房，转身的一刻竟然泛出泪光。三毛越来越难以控制自己的情绪，更无法平息内心之中的对于死亡的恐惧。

三毛并未接下那本约稿，而且停下了所有的写作。这是因为她发现只要自己连夜写作，荷西就会守在身边，或者望着天边的夜色，或者就那么痴痴地看着三毛，眼神之中尽是不舍和怜惜。三毛一放下笔，荷西就会非常开心，只有拉着三毛的手，他才可以安眠。从那之后整整十个月的时间里，三毛都没有接收任何约稿。

停止写书稿之后，三毛仍然和以前一样做噩梦，每夜都是同一个剧情，夜夜惊醒。梦里的三毛没有了披肩黑发、色彩斑斓的长裙，她如同站在恐慌的漩涡中央等待被吞噬，无力挣扎，也无从抗拒。周围都是她熟悉的人，父亲、母亲、姐姐、弟弟……可就是没有荷西，这让三毛变得更加恐惧，因为她最不能失去的就是荷西。梦里还有个诡异的声音："他们是来送你的，你要上路了。"三毛就这么被拖拽着走向死寂的黑暗之中，迈向缥缈空间。三毛努力回头，她不想就这么和自己的亲人别离，但是那越来越小的轮廓里仍然没有荷西。再向前就是月台，三毛被送上火车，在轰鸣的列车声中，火车缓缓前行，突然，一个红衣女子出现，追着火车奔跑。无尽的黑暗之中，那抹红色格外耀眼，三毛似乎看到希望，朝着她在大喊：“救我，救我！”可那个女子却停下脚步，朝着她喊道：“再见了，要乖乖的。”一刹那，三毛的希望破灭了。三毛突然惊醒，梦里怎么又没有荷西，她慌张地朝身边看去，还好，荷西就在身边。她轻轻挪动身体，让自己更靠近荷西，直到能感觉到荷西的鼻息，这才踏实了下来。

感觉到三毛的靠近，荷西揉揉惺忪的睡眼，和三毛四目相对，三毛却泪眼蒙眬地朝着他说了句：“荷西，我爱你。”荷西将她拥入怀中，苦笑了一下说道：“我早就爱上你了。”十几年的感情终于有了归宿，流浪的心得到了回应，只要是两情相悦，现在说爱也不晚。

三毛早就接受了命运的预告，在她看来，那个即将在这个世界上消失的人是自己，她自嘲着那份未卜先知的天赋，自豪着自己看淡生死的胆魄。三毛过生日的时候，荷西送给她一只老式罗马手表，他对三毛说：“以后的每分每秒你都不能忘记我，让这只表替你数。”这是荷西在岛上说的最后一句不祥的话，也就在这句话之后，一切噩梦都成了真！

1979年秋天，是个阖家团圆的秋季，那一年，陈嗣庆夫妇到欧洲旅游，顺便来看看自己的女儿和女婿。三毛得知这个消息之后非常开心，早早地就开始准备。三毛希望荷西能和自己一起叫爸爸、妈妈，但是按照西班牙的习俗是以陈先生和陈太太称呼的，荷西很难做到三毛的要求。一直到陈嗣庆夫妇登门，荷西仍然叫不出爸爸、妈妈，三毛也就没再为难他。

一天，三毛和以往一样收拾碗筷，但是却听到了荷西和父亲的对话："爸爸，你叫 Echo 准许我买摩托车好不好，我一直都想骑摩托，可 Echo 说必须经过她的批准。"三毛听到荷西叫出了"爸爸"，感动地流下了眼泪。因为她知道，荷西愿意叫爸爸是缘于对她的爱，这怎么不让三毛触动。

荷西经常带着陈嗣庆在岛上四处欣赏风景，时间久了，陈嗣庆就更加喜爱这个外国小子了。他敦厚老实而善良，和他相处就好像是在和另一个三毛交流，他们有很多相似的地方，似乎灵魂共融在一起。他们都是不甘庸庸碌碌的人，也都把日子过得非常富有情趣。

不过这份阖家欢乐的气氛并没有持续多久，一个月后，陈嗣庆夫妇打算启程回国，三毛也准备一同前往。荷西将三人送到机场，一路上谈笑风生，荷西告诉三毛要早点回来，自己会想她，三毛点头应允。登上飞机之后，荷西仍然没有离开，他一直向高处跑着，一个劲儿地挥手，一直到飞机飞上高空不见了踪影。坐在机舱里的三毛看到荷西越来越小的身影，莫名其妙地想起了梦中的那句话："再见了，要乖乖的。"不由得出了一身冷汗。

同年 9 月 13 日，三毛和父母听到了一个噩耗——荷西潜入海底之后再也没能浮出水面！三毛当天就赶回了拉芭玛岛，她不能就这么放他走。她跪在沙滩上，整夜祷告："我说上帝，我用所有的忏悔向你换回荷西，哪怕手断了、变丑了都没关系，把荷西还给我好不好。"陪着三毛的西班牙老太太告诉三毛，她的头发竟在一夜间一点点地变白了。大海仍然和以往一样无情，并没有理会三毛的哀求。

两天之后，荷西的尸体被人从大海之中捞了上来，三毛顿时崩溃，就在两天前两人还决定共度此生，今日便是生死离别之景，叫人怎能不伤感？

在水中被浸泡了两天的荷西已经全身僵硬，再也看不到他嘴角的微笑了。三毛疯狂地扑到荷西身上，跪在海滩上，拼命地摇晃着荷西的身体，那是唯一一次荷西没有理会三毛的呼唤。三毛曾以为他们会成为世人羡慕的神仙眷侣，曾以为荷西就是自己的归宿，曾以为两人可以一起到白头……可是她错了，荷西虽然可以操控自己的爱情，可终究无法逃脱命运的掌控。

墓园里的守候

荷西的死让三毛感觉到了活下去的艰难，甚至每一口呼吸都会带来胸口处的剧痛。那个憨厚可爱的荷西，此时却这么静静地躺在地上一动不动。再也没有人会像荷西那样迁就自己，再也没有人会轻轻拢起她的长发，再也没有人在她耳边倾诉衷肠……三毛泪流不止，却仍然无法宣泄满腔的悲痛。

在夜幕降临前，三毛就已经哭得昏厥了好几次，可她仍然执意为荷西守灵。她一直都记得临走前荷西嘱咐她早点回来，她知道荷西不能适应她不在家的冷寂，他想要她多陪伴他。荷西睡觉的时候喜欢牵着她的手，有的时候她夜里翻身了，荷西还会四处搜寻她的手。

那一夜，三毛变得有些神智失常，她一直对荷西说让他不要害怕，等待神灵来接他。她的手轻轻抚摸着荷西的发丝，忽然发现荷西的眼睛里竟然流出鲜血，三毛又开始了哭泣。荷西一定非常痛，一定非常想念她，对这个世界充满了不舍……

举办葬礼之前，三毛走到墓园，说道："我要独自将坟挖好，每一铲泥土都必须倾注我的泪水，荷西死在他另一个情人——大海的怀抱之中，应该是死而无憾了。"三毛并没有责怪荷西的离去，因为她知道，荷西是不喜欢告别的，在此之前，他们从来都不说告别。

举行葬礼的时候，荷西被抬到了棺木之中，三毛把自己的心交给了荷西，所以此刻与荷西一同入殓的还有三毛的心。这个时候的三毛，虽然伤心，但却面带微笑。因为她知道，如果先去的是自己，那么忍受痛苦的就是荷西。可等到荷西下葬的时候，三毛却又一次崩溃了，她拼命地想要阻拦，几度让葬礼无法继续下去。一直到陈嗣庆夫妇将她拖到一边，并让人给她注射了一剂镇静剂，三毛这才不再挣扎。葬礼结束后，躺在床上的三毛仍然在喃喃自语："荷西回来，荷西回来，荷西回来……"明知道没人答应，她却仍然呼唤着，无法接受荷西不在身边的死寂。

等到第二天，三毛忍着身心上的痛苦跑到木匠店里，请老工人打造了个十字架，铭文非常简洁："荷西·马利安·葛罗。你的妻子纪念你。"三毛仍然独自将沉重的十字架搬到了荷西的坟墓前，用手一点点挖开黄土，把亲拟的墓志铭立在了荷西的坟前。

从这天开始，三毛每天都会早早地来到墓园与荷西作伴，墓园是三毛从小就喜欢的清静之地，只是如今她却将所有爱恋埋葬于此地。墓园仍然和往常一样安详，似乎是因为见多了生死，任何人的离世都不会让它有任何波澜。拂面的春风似乎想要抹去三毛眼里流出的泪水，随风摇曳的草木似乎想要淡化她的悲伤。

三毛就这么静静地坐在荷西的墓前怀念着两人过去的种种，她抱怨荷西的痴傻，嘲笑他的胆怯；她轻声召唤荷西，希望他可以醒来。她开始责怪荷西的爽约，事先说好要一起死去，怎么就独自离开，抛下她一个人？

三毛就这样从早上坐到了黄昏，一直到带着大串古老钥匙的守墓人走到她身边，她还是不愿意离开。夜色之中，守墓人和三毛，一个静静地站着，一个痴痴地坐着，一直到伸手不见五指的时候，守墓人才提醒三毛："太晚了，快回去吧！"三毛这才起身道谢，跟着他穿过一排排坟墓，看着他锁上了那扇生死相隔的门之后，才转身离开。

戏剧性的遗产之争

后来三毛又去了趟荷西的家里，去看望他的爸爸妈妈。一进门，婆婆就将三毛拥入怀中，眼里涌出热泪。公公正披着黑色的毛衣背对着三毛坐在餐厅的椅子上，三毛轻轻地走过去，蹲在公公的膝盖旁，仰起头喊了声"爸爸"。公公似乎是从睡梦中惊醒过来，触碰到三毛放在他膝盖上的手就大声喊了起来："谁？是谁？"当看到是三毛的时候一把将她抱住，老泪纵横。

能哭，对活着的人而言终归是好事。三毛拿着婆婆的手帕，给公公擦了擦眼泪，之后亲了他一下，什么都没说。婆婆强打起精神，到厨房里给三毛准备吃的。随后，卡门和伊丝帖走了进来，妹妹伊丝帖一进门就抱着三毛打转，姐姐卡门也张开手臂将三毛环了过去。此后，三毛再也没见到过他妹妹，当时她在希腊，等她回马德里的时候，三毛已在中国台湾了。大家热闹地打趣了一番，伊丝帖却跑到浴室里面哭了起来。

晚饭过后，三毛拿出礼物来分给每个人，卡门和伊丝帖很快就离开了，家里未婚的还有哥哥夏米叶，已经不和父母一起住了。三毛铺床睡觉，婆婆也跟着走了进去，开始询问加纳利群岛的房子问题。婆婆开始和三毛摊牌，那套房子从法律上说各分一半。三毛却不想谈论这些问题，荷西才过世没多久就开始谈论这个问题，三毛觉得这让荷西听了会感到不安。她以胃痛为由将婆婆打发走，换上睡袍，锁上房门，熄灭灯，卷好百叶窗，推开朝向后马路开的大窗。凉爽的风吹散了旅途的疲劳，巨树在空中散布着白色的飞絮，在路灯的照映下如同飞舞的雪花，已经快五月了。三毛将头发打散，趴在窗台上打瞌睡。

三毛做梦了，梦里，荷西变成了一个七岁左右的小孩子，手里捧着一本用完了的练习簿。因为妈妈不肯给他买新的练习簿，他用橡皮擦着本子上的铅笔字，不过本子上面的红笔却怎么都擦不掉，荷西急得要哭出来了。夜风吹醒三毛的时候，那个小孩子也消失了……

婚后六年的日子里他们的生活一直很拮据，直到去年生活条件刚刚好转些，荷西却离开了。次日早上，三毛听到婆婆正在呼唤自己，赶忙洗漱完毕，然后快速地跑到婆婆身边，和婆婆一起去了教堂。

星期天早晨，路边咖啡馆坐了很多街坊邻居，三毛挽着公公婆婆慢慢地走向教堂。几个孩子在身后追赶着他们，望着三毛，随后向远处的哥哥姐姐们呼唤着："是 Echo 回来啦！"三毛不想回头看他们，也不想和任何人打招呼，更受不了别人看自己的眼光。三个人的黑衣服在阳光的照耀下显得很虚伪，三毛十分厌恶这身黑衣。

走进教堂之后，公公找了个地方坐下来，婆婆和三毛一起跪了下来，开始做弥撒，三毛又流下了眼泪。从教堂走出来，婆婆在三毛的要求下给荷西买了三朵花。一路上经过熟悉的街道，快走到糕饼铺的时候，三毛放开了婆婆，独自转弯离开了。

蛋糕店的老板娘还认识三毛，一脸慈祥地朝着三毛问好。三毛称了一公斤甜点，多放了几个公公最喜欢吃的小醉汉。老板娘说什么都不肯收钱，推脱不下，最终三毛和老板娘达成协议，再来买东西就必须收钱。三毛亲了老板娘一下，提着盒子飞快地跑出店门。

街角有个少年穿着溜冰鞋滑过，用力拍了一下三毛肩膀：“让路！”刚溜过去，又恍然大悟似的回过头，朝着三毛喊了声：“呀！ Echo！”急刹车后，急忙朝着三毛滑了回来。三毛笑着问道：“你是谁的弟弟？”他大声回答道：“法兰西斯哥的弟弟嘛！”他邀请三毛到自己家去坐坐，却被三毛拒绝了，“你看，东尼在那边！”少年指着香水店外的一个金发女孩。三毛正在招呼荷西的童年玩伴，药房的主人也跑了出来：“好家伙！原来是 Echo 回来了！”东尼拉着三毛，非要三毛去自己家坐坐，三毛要赶着回去帮婆婆煮饭，所以就推脱有事回了家。

星期日的中午，街坊邻居都在外面，十三年前就在这个社区里出进，一直到三毛后来成为荷西的妻子。在荷西去世后，这些街坊邻居向三毛付出了真挚的感情。

回到家，婆婆给三毛开了门，接过她手中的甜点，告诉她邻居家的人已经过来找她三次了，三毛赶忙跑到邻居家坐了五分钟后就回来了。回来之后，她看到了荷西的哥哥夏米叶。他走到三毛跟前，默默地将她抱到怀里，哥哥买来了好大一束玫瑰花，还说这些玫瑰花都是送给三毛的。

结婚之前，三毛和夏米叶是非常亲密的朋友，可自从嫁给荷西后，两个人就无话可说了。随后，三毛便在厨房里忙碌着一家人吃的饭。中午吃饭的时候，全家人团团圆圆地坐满了桌子，公公打开了三毛从维也纳带来的红酒，给每个人都斟了满满的一大杯。六个人开始干杯庆祝，相互说着庆祝的话语。

这时，姐夫咳了一声，又将领带拉了拉，有些不自然地说起了关于加纳利群岛那幢房子的事情。原来，婆婆打电话把家人都叫来是为了分房子。三毛的心瞬间冰冷，他们都是荷西的亲人，此刻却为了一栋房子而完全不讲情面，婆婆甚至戏剧性地大哭起来，埋怨三毛跟荷西这几年不寄钱给自己。妹妹突然大叫起来："你给我住嘴！你们有钱还是荷西和 Echo 有钱？"三毛推开椅子，绕过夏米叶，朝着婆婆走了过去，告诉婆婆，荷西留下的东西，除了结婚戒指，她什么都不要，婆婆这才平静下来。突然，公公"啪"地拍了下桌子，大声吼了一句："荷西的东西是我的！"公公的这声喊叫吓了全家人一跳，他的助听器不是在刚刚就关掉了吗？怎么又能听到了？

妹妹口中的汤"哗"地一下子都喷了出来，三毛扑倒在婆婆的肩膀上哈哈大笑。午后的阳光正暖，伊丝帖和三毛坐在露天咖啡座上。伊丝帖不敢抬头看三毛，伊丝帖想让三毛继续争属于自己的那份财产，而三毛却觉得没有必要，用"人生如梦"回答了她。随后，三毛吹了一下麦管，杯子中金黄色的泡沫在阳光下显得格外晶莹眩目。

真真假假，虚虚实实

三毛相信血型会影响一个人的一生，一个人出生时，个性就已经被某些生理因素决定了。她坚信血型决定一个人的性格。

三毛是 B 型血，她觉得 B 型血的人性格有弹性、开朗。三毛住在丹娜丽芙岛的时候，她意外地看到了十一年未见的姐夫，他乡遇故知，三毛的内心满是欣喜。等到送行时，三毛热泪盈眶起来；船开走后，三毛就又是有说有笑的了，就好像刚才什么都没发生过。三毛用血型解释了这种现象。

在三毛看来，自己是个 B 型血的人，虽然情绪经常大起大落，可来得快，去得也快。她认为 A 型血的人沉着冷静，AB 型血的人拥有双重性格，O 型血的人择善固执。荷西就是 O 型血的人，他在对三毛一见钟情之后，固执地等了她六年，这可能就是三毛所说的“择善固执”吧！

三毛还相信星辰相术。她说，同一星座的人都会在某种程度上有着惊人的相似之处。三毛是白羊座，白羊座的女子就是掠夺成性的女子，她还说自己是将一切美好占为已有的“江洋大盗”。她对于世界上流传的神秘游戏非常入迷，甚至崇拜得有些走火入魔。荷西去世之后，她就开始玩起了中国台湾盛行的“碟仙”之类的算命术。

三毛甚至说自己只要用一枚铜钱在桌面上擦几分钟就能与阴间的丈夫对话。六年的追逐，二十年的相伴，早已深爱成河；一方离世，另一方早已如行尸走肉。

1984 年，三毛应邀参加了中国台湾作家醉公子主持的“阴阳之旅”活动，身体晃动，施咒，灵魂就能进入到阴间，和死去的朋友对话。醉公子搞了很多次类似的活动，不过可以成功完成旅行的人很少，可三毛却说自己成功了，她看到了自己的干爸徐訏。她拿出一支笔、一张纸，口中念念有词，就可以和阴间的人谈心。死人所说的话被她一一记在纸上，三毛曾经想通过这种方式来向世人展示她和徐訏的一场谈话。其实三毛的这种“特异功能”从小就显露出来了。

三毛五岁的时候，一次，她和父亲到机场去接一位朋友。那个朋友来自日本，多年未见，和三毛的父亲相谈甚欢，哪知三毛却偷偷说了句：“他的家人死了！”一句童言无忌吓坏了陈嗣庆，他赶忙捂住女儿的嘴，让她不要乱说。

到了陈家之后，客人的面容变得有些悲切，被问及原因时才痛苦地说道，几个月前自己的儿子不幸夭折，话毕，潸然泪下。陈嗣庆突然想起三毛之前的话，内心之中不免惊诧。

三毛十三岁那年，预感自己将会嫁给西班牙人，后来她将这种感觉告诉母亲，母亲并未放在心上。可多年以后，她真的成为西班牙人荷西的妻子。

她对电话也有感应，电话就那么静静地放在那里，突然三毛跑出来说有人要打电话，刚要去接，电话就“丁零零”地响了起来。

三毛与香港作家倪匡和中国台湾作家古龙都是非常好的朋友。三人约定不管以后谁先死，灵魂都要与活着的人联系。后来古龙去世了，很长一段时间都没和他们联系，倪匡忍不住问三毛这是怎么回事，三毛却一本正经地说：“这个酒鬼肯定在阴间喝醉了。”

三毛的见闻很多，也经历过不少的古怪事情，特别是后来总会出现幻觉，记忆混乱，又被她重新排演，才会出现一系列的“奇异事件”。三毛的意识里向往自由，渴望自己可以翱翔在天际之中，只不过很多时候她将现实和梦想混为一谈，自己都分不清了。

第十章

阡陌一梦：
丢了灵魂的人终是落红成泥

双亲的爱唤醒走在死亡边缘的三毛

陈嗣庆夫妇看着女儿日渐消瘦很是心疼，他们明白，三毛待在这里只会越来越难受，于是劝说三毛和他们一起到中国台湾休养一段时间。三毛尽管不愿意，但是看到父母老泪纵横，以及额上斑白的发迹，也就同意了。

临走之前，三毛又一次回到墓园，用手指摩挲着墓碑上的文字，就如同在抚摸荷西的发丝、胡须一般，就好像他就在身边，从未离开过。

三毛随父母一同回到了中国台湾，而荷西却永远留在了大海里。三毛最终还是得了相思病，她无法遗忘荷西，更不能释怀。一天，三毛在和父母的谈话中表露出了自杀的念头，缪进兰听后痛哭流涕，还一个劲儿地劝慰三毛，但三毛根本不理会。陈嗣庆高声冲着三毛怒吼："你总是讲这样无情的话，就是要硬生生将你的父亲推入地狱，因为你说出这样的话，让作为你父亲的我终日活在恐惧之中，因为我不知道哪一天就会失去我的女儿。如果你敢做出毁灭自己生命的事，那么你就是我的仇人，我不仅今生与你为仇，世世代代都与你为仇，因为是你杀死了我最心爱的女儿！”

听完父亲激奋的话语，三毛泪如雨下，那一刻的无奈、自责，似乎要将她给硬生生地压垮，不过自杀的念头仍然没有终止。三毛仍然每天想念着荷西，开始绝食，缪进兰苦苦哀求她吃些食物，可三毛却呆呆地坐在那里一言不发。

荷西曾经说过，如果三毛先走，自己会烧掉房子，不吃不喝在海上漂到老死。现在荷西先走了，誓言也该由她来完成，进食会让她觉得对不起荷西。荷西为了她放弃了那么多，她如何能辜负他？

后来琼瑶找到三毛，和她进行长达七小时的夜谈，才打消了她轻生的念头，但是那时的三毛只是觉得自己是一只不死鸟，遍体鳞伤。可她却仍然是父母心目中的珍宝，所以即使再痛再伤，只要他们不让她死，她就不能去死。

三毛想起那个死亡岛上，母亲曾经佝偻着身子扛着一麻袋食物走了整整一个小时，如今看到双亲卑微而惊恐的眼神，三毛的内心之中如同被千刀万剐一般。

三毛对于这次和琼瑶的长谈记忆深刻，曾经这样回忆道：“自从在一夕间家破人亡之后，不可能吃饭菜，只能因为母亲的哀求，喝下不情愿的流汁。那时候，在跟你僵持了七个小时之后，体力崩溃了，我只想你放我回家，我觉得你太残忍，追得我点了一个轻微的头。”这次的自杀闹剧终于以三毛的妥协告终，她也向父母保证不会再轻易生出自杀的念头了。

中国台湾太吵，逃回大加纳利岛

三毛又一次想要逃出中国台湾，可能是因为亲朋好友们的过分关心，以及读者、记者们的热情让她觉得疲累。朋友们虽然是好心，读者们虽然也热情，可三毛却对此感到害怕，因为她当时的身体状况的确不怎么好，对她而言此时最需要的就是静养和休息。

三毛觉得自己的心灵还缺一次放逐，经过反复思忖之后，她决定再一次流浪。她知道，自己永远不能停留，一停留就会变得不快乐。这一次，她要踏遍万水千山。

三毛在马德里读书的时候就已经对旅游产生了兴趣，她去过法国、意大利、丹麦、荷兰、德国、捷克、波兰、南斯拉夫、美国、英国等国家。有人曾做过这样的统计，三毛的一生到过五十多个国家，她自称“万水千山走遍”并非虚言。只不过当时的三毛并不是为了旅行而旅行，而是为了逃避红尘纷扰而不敢驻足。这一次，她选择了大加纳利岛。

大加纳利岛有她与荷西甜蜜的记忆，她心爱的丈夫就埋葬在这里，她时刻想念着他。1980 年春，三毛过完三十五岁生日，便登上从中国台湾飞往西班牙的飞机，她仍然从西班牙飞向大加纳利岛，这是她第四次重复这样的航程了。就在上一次，她的荷西失业在家，她在文章风靡一时的时候赶了回来。虽然航线没有变，但是此刻的心情已经大变，她更加期待回到大加纳利岛了。

三毛的这次旅行很是荒诞离奇，大概是荷西的离去对她的打击太大了，她总是在袅袅上升的幻觉中起起落落，和过往的自己交会，将曾经出现的一切都当成了真实的存在。

三毛将自己曾经做的噩梦的情形和如今所看到的画面串联在了一起，大概是潜意识里要向这个梦凑上去，似乎要给这个梦来个结局。三毛惊奇地发现，如今的所见所闻竟然和梦境里一模一样：在中国台湾桃园机场，泪眼模糊地告别亲人；然后独自一个人，像梦中一样，通过长长的走廊，然后登上飞机；经过香港，越过昆明，到达瑞士；坐火车直奔洛桑，一到车站，三毛便大吃一惊，古典风格的车站竟然和噩梦里的车站一模一样！她在朋友家中逗留数日后，游了一周意大利佛罗伦萨，便前往阿根廷看望老邻居奥托一家。上车时，她看到阳台上有个醒目的“6”字，又一次和梦境中惊人地相似。送行的法国女朋友竟然说了句中国话：“再见了！要乖乖的！”这让她更加坚信这一切和梦境之间的关系。车厢之中，她碰到了三个士兵，穿着绿色的制服，肩膀上缀着红牌子，冲着她微笑。

没人可以证实她的梦，大概是她自己沉浸在了梦境之中，也许是她怕醒来之后要面对自己不愿面对的生活，才会编织出这样美好的旅途来逃避伤痛。哪怕孤独，她也已经决定踏遍万水千山。

三毛已经记不清自己走过了多少个地方，只是依稀觉得眼前的风景变得有些陈旧，天空一片灰暗，人们似乎都在大街上闲聊胡闹，就连她自己买东西的时候都给错了钱，荷西不在身边，旅行也不像之前那么有意思了。

到了大加纳利岛之后，她决定在这个地方隐居一段时间，原来的房产早就被婆家人变卖掉了，她重新买了一套房，在这里住了一年。

作为一个成年女性，在本该享受生活的年纪，却失去了最爱的人。两度失去爱人，两度想要自杀，此时的她除了可以从父母那儿得到些许的爱，再也感受不到爱意。如今的她已经成为知名作家，有钱有声望，只可惜她孤独，不快乐。曾经艰苦的沙漠生活，加之终日的忧郁，让她患上了严重的子宫内膜炎伴有肌瘤，导致她一直未能怀孕。不过三毛也没什么精力去照顾孩子。大概上天知道三毛没有办法悉心照顾孩子，所以才会让她的身体变成这样。

三毛开始布置大加纳利岛上的新家，对环境的要求非常苛刻，浅灰温婉的沙滩她不爱，偏偏选择了怪石嶙峋的滩点。巨浪拍打在礁石上，发出阵阵咆哮之声，哪怕此时刺眼的阳光照耀在沙滩上，仍然显得那么雄壮而愤怒。

在这个杳无人烟的地方，只有三毛孤零零的一个人。朋友都觉得此刻的三毛如同一个内心苍白无所求的老人，在海边静静地等待着死亡。吃穿都不讲究，走很远的路才可以看到几个退休的老人，和她一样静静地坐在海边，等待生命的终结。也只有此时的三毛，才可以在这种鬼都嫌寂寞的地方住这么久。

三毛找到装修工人把新买的房子悉心装点了一番。她仍然喜欢藤条装饰与烤漆工艺，碎花沙发被恰当地安排在房间里，沙发前面摆放着非洲乐器、阿富汗手绘皮革，以及她从全国各地淘到的物品。她让装修工人将屋子用木板隔起来，这样一进门她就可以闻到木头的气味，如同置身于树林之中。荷西的照片被放在家里醒目的位置上，被康乃馨点缀着，他的笑容就如同绽放的花朵一样。

她经常会呆呆地望着荷西的照片，长时间和他对视、静默。她开始修习一种巫术，据说这种巫术能让人和死去的人对话，对此时的三毛而言，成功与否并不重要，因为尝试的过程是充满了希望的。

窗外是湛蓝的大海，海的那边是拉芭玛岛，三毛仍然记得在那座岛上发生的诡异事件。此刻的她已经不敢再面对那座岛，似乎只要望一眼就会出现荷西那张在海水中泡得变形的脸，那臃肿的神色让她感到惧怕，她再也没有勇气踏上那座岛了。

三毛觉得自己好累好累，仿佛一瞬间衰老下去，似乎荷西离开的时候带走了她的灵魂。现在的她开始畏惧，每天都忙于家务，把石片地板清洗无数遍，一直到累得手脚肿了起来，才颓然坐在沙发上发呆、想念。

马德里的好友看到她这副样子很是心疼，给她介绍了合适的男士，带着三毛和他们一起出去玩。可三毛却拒绝了她们的好意，因为她常常会在游玩到某一处的时候想起荷西，于是就中邪了一样发动车子赶回家中，留下一群惊愕的人。

当时的三毛即使没人介绍，也有很多男士慕名追求，不少成功的已婚男士甚至愿意为了她而放弃自己的家庭、事业，向她求婚，有名气的作家西沙也一直追求着三毛。只可惜，三毛对他们态度都非常恶劣，甚至有些侮辱，她视他们为盛年发情的公鸡。想到荷西那纯真的笑脸，三毛对他们就更加厌恶起来。再想到之前自己竟然和他们一起吃饭交谈，更是臭着一张脸不愿说话。

三毛决定离开大加纳利岛，她不能如此荒废自己的人生，还是得找点什么事来做才好，她已经感觉到自己的心理似乎出了些问题，只不过自己不愿意面对这些问题。当时的三毛如同一个苦行僧，内心缥缈而深远……

墨西哥的灵魂

三毛是停不下流浪的脚步的，她游历了墨西哥、洪都拉斯、哥斯达黎加、巴拿马等南美国家。和之前的游览不同，三毛并不想带着任务去旅行了，而且此时的她没有荷西的陪伴，旅游的激情也不怎么高昂，不过是每到一处随便看看那些名胜古迹，比如墨西哥的“金字塔”、哥伦比亚的黄金博物馆和蒙色拉山修道院等。可她并没有对这些名胜古迹产生多大的兴趣，就好像是赶路的行者，无心记下路途的风景。她似乎在找到自己作为哈娃的前世记忆之后，对一切失了兴致。这次的旅行，三毛只带着自己的助理米夏一同前往。

当时唯一给三毛留下印象的就是墨西哥，它是一座粗犷而包容的城市。虽然没有德国人的精致和东方人的秀气，可那粗糙之中却透露出了人情味儿。三毛参观博物馆的时候，又发现了一个有点邪门的神祇，它面目狰狞而怪异，没有了普通神像的慈祥和温和，导游介绍的时候称其为自杀神，这引起了三毛浓厚的兴趣。

三毛一生都被自杀情节困扰着，童年时被老师当众羞辱就让她产生了自杀的念头。在她的内心之中，自杀并不是什么可怕的事情，鲜血的流淌能带来释放，让人产生轻松愉快的感觉，让人不再去害怕。三毛就这么静静地站在自杀神的面前，在心里和他对话，似乎他能感应她的心。

每个人从出生开始就拥有和别人不同的命运，在时间中走上一遭，其实和南柯一梦没有多大的差别，缘分如同贯穿始末的红线一般。三毛就这么看着自杀神，不说话，微闭着双眼露出浅浅的微笑，她正在感受生命的余音。

未来是最不能被破解的密码，她究竟想要得到什么？其实她不过是按照自己的习惯在经历着、记录着。究竟自己的生命力还剩下什么，连她自己也不清楚，至少旅行也算一个让自己活下去的理由吧，否则不知道什么时候又会生出自杀的念头来。

其实在她的心里早就拜会过这位神了，只不过到今天才知道它长什么样子。原来他并不像想象中的那样祥和，而是一位不慈祥的神，专门惩罚人的灵魂。大概是因为人类在这个土地上挣扎的时间太久了，才会产生出这样一位面目狰狞的神吧。

洪都拉斯纪行

从墨西哥飞到洪都拉斯，仅需要两个小时的时间。下飞机之后，三毛看到了持枪的军人，仍然没有改掉害怕制服毛病的三毛不禁打了个冷战。排队检查护照的时候，一个军人和三毛默默对峙着，凝神瞪着彼此，结果三毛先笑了，那个军人也笑了起来，并和三毛说了几句话，三毛的心情随之放松了许多。

海关显得很是寂寞，只有零星的几名旅客等着检查，三毛碰到了一个从这个地方去边境的美国人，他要去为从萨尔瓦多涌进来的难民工作。等到这个人问三毛此行的目的时，三毛便回答自己是来旅行的，顺便写些见闻笔记。在这种人面前，三毛总是觉得自己活得很自私。查验之后，终于开门放人了。米夏和三毛被放出来的时候，便有一群人朝着他们围了过来。有的过来换美金，有的过来帮忙提箱子，有的过来帮他们叫计程车，有的人甚至抱着三毛的脚要擦鞋。刚到这个国家，三毛就看出了此处生活的艰难与挣扎。

三毛让米夏看着行李，独自去换钱，而且找来了“旅客服务中心”，让他们帮自己找到了合适的旅馆。这个地方的钱币叫“连比拉”。这是依据过去一个印第安人的大酋长命名的，2 个连比拉相当于 1 美金。

从机场进城打出租车共需要 12 个连比拉，三毛去找小巴士，但是那种巴士只能坐 12 个人，已经客满。于是三毛又回去和计程车司机讲价，一直讲到 6 个连比拉，三毛就上车了。一路在车上，6 公里的行程，三毛却看出了洪都拉斯的寂寞和哀愁。这个国家的首都叫银立，居住着 30 万人。

洪都拉斯是中美洲第二大面积的国家，广袤的土地上，45% 是山地，人口至今只有 300 万左右。这里主产蔗糖、咖啡、香蕉、棉花，以及一点金矿和锡矿，也有牛肉的进出口生意。

三毛所住的旅馆除了一张床之外，再没有其他家具，走道之中放着方桌，三毛将它搬了进来，用来写字。米夏说宾馆的床上有跳蚤，三毛仔细看了看却什么都没发现。

刚来洪都拉斯的第一个晚上，三毛喝了浴室里的自来水，到了晚上就是上吐下泻，等到自己再能下床走路已经是两天之后的事了。在旅舍里病得死去活来，米夏就向“马雅商店”的中国同胞讨来热水，三毛静养了两天，身体状况才逐渐康复起来。

三毛坐在城内广场的一条木椅上，看过往选举的车辆，插着自己党派的旗子；小摊贩眼巴巴地期盼着顾客上门；流落街头的人沉睡在三毛脚旁；乞讨的老女人沿街叫唤；没有生意的擦鞋童追着人想多赚几个铜板。那一辆辆名叫“青鸟”的公车逐渐驶过，广场上的很多人，包括三毛是不能上这辆公交的。

三毛计划在洪都拉斯境内走 1400 公里，最好的工具自然是长途汽车。其实三毛知道“青鸟”是不会跑到那儿的，因为三毛要去的小城和村落除了当地居民外，很少有人注意到它们。三毛来到了一处客栈，那是“各马亦阿爪”城里唯一的客栈。四合院房子里有个天井，里面种着花、养着鸡、晒着老板全家人的衣服。孩子们在嬉戏打闹，女人们在扫地煮饭，男人们戴着两边向上卷的帽子围着打纸牌，三毛静坐在大杂院里看中文书。肠炎刚痊愈，第一天只走了不到一百公里就停住了。

这座平房天花板上的木块已经腐烂，小粉虫常常从屋顶落下，床上没毡子，白床单上也是一片虫。同行的米夏，还是无法适应这里的环境。

天气还是挺凉的，可是小客栈没毡子，收费却是每间 50 个连比拉。尽管环境很差，可因为这里是城内唯一一家客栈，只好将就住下来了。旅舍里有人第二天要到山谷，需要七八个小时的路程，那是个叫作“马加拉”的印第安人村落，好像没什么人知道。他们一直在收听足球赛转播，根本抽不出时间讲话。

小城洪都拉斯旧都，一条长长的大街上有几十家小店铺、一座西班牙大教堂和几家饭店，为了应景，在一小间房内陈列着玛雅文物，被称之为“博物馆”。三毛和米夏在小城一家杂货店后院找到了一个食堂，那里不能选菜，老妇端上来煮烂的红豆和两块硬邦邦的肉，以及一杯当地土产的黑咖啡，共收 6 块连比拉，合 3 块美金。一起吃的还有一位警察，付了同样的价格。虽然出版社给的经费充足，但是不管是找客栈还是食堂，对于那样的水准而言仍然很贵。这里的胶卷贵得惊人，米夏只剩下一卷从墨西哥带来的胶卷，而他们却带了三架照相机。黄昏时分，三毛等人在小城里闲逛，看到大教堂中走出了拿着大串钥匙的老人，三毛赶快跟了上去。

老人带着一行人爬上钟楼，这里有六个大铜钟，是西班牙菲力普二世时代送来的礼物，至今仍是小城的灵魂。老人的一生，就是在守望钟楼中度过的。三毛从塔边小窗跨出去，走上教堂高屋顶，在上面奔跑。虽然生平走过无数座大教堂，可在屋顶上跑却是第一次。

米夏和三毛就这么一个村子一个镇地走着。太贫苦的地方的小泥房间里仅有一张吊床，窗上没有遮风的东西，里面女人和一堆孩子，壮年男人呆坐在门口茫然地看着过往的车辆。他们的屋旁大半是坡地，长着橘子树和玉米。

看见下雨了，三毛就会担心他们的泥巴房子被冲化。洪都拉斯景色如画，松林、河流、大山、蔚蓝的天空、成群的绿草牛羊，磅礴的气势震慑人心。只是景色再美，三毛都不能忘记沿途的那些贫苦居民的面孔和眼神，不能在他们善良害羞却无助的微笑中释放情怀。三毛和米夏在旅行了十几天后，才抵达了洪都拉斯和危地马拉边境。

三毛在每个村落都有停留，全身都被跳蚤咬出了红斑，头发狂痒。荒凉的村落中可以找到过夜的地方已经实属不易，所以三毛并没有过多的抱怨，这样的日子让她感觉到充实。山区里的气候非常寒冷，她决定不洗澡，等到去了中北部的工业城“圣彼得稣拉”再找家旅馆洗澡。

微雨寒冷的清晨，三毛坐在废墟最高的石阶顶端，托着下巴静静地看着脚下古时被称作“球场”的地方，如今已经被绿茵铺满。三毛随手捡起一根树枝，一边打草一边从废墟进入丛林之中，一直走到了“哥庞河”才停下脚步，河水静静地流淌了上千年，看起来很是寂寞。

三毛自从刚来到洪都拉斯那天得了场肠炎后，每天午后都有微烧，上唇由于发烧溃烂化脓，十多天来一直不见好，她担心自己沾了冷水之后再次发烧，就忍着不洗澡，只是仔细地洗脸刷牙。从“圣彼得稣拉”转了两趟大型巴士，终于到了“得拉”，这里的人群、小贩和山区小村的居民完全不同，他们高瘦轻佻，不戴大帽子，不骑马，多半是黑人。一幢幢英国殖民地似的大木头房子占据了整个城市。

洪都拉斯有荷兰人、美国人和西班牙人，拥有着不同的文化、人种、宗教和风景。出版社给的经费虽然充足，但是看着那些哀愁贫苦的脸，三毛实在不忍心如此浪费，一路上省吃俭用，分一些小钱给孩子们。离开洪都拉斯前一天的黄昏，三毛坐在乞儿满街的广场上轻轻地吹着口琴，那是一把在赶集的时候从印第安人的山谷中买来的小口琴，留作此行的纪念。

巴拿马之行

到了巴拿马，机场大旅馆的价格高得令人咂舌，想来小旅馆也便宜不到哪儿去。巴拿马的一切都是美国水准，用的也是美金。

三毛这次旅行的经费还剩余不少，除了洪都拉斯超出预算外，其他国家都应付有余。但是住到巴拿马一家中级旅舍的时候，三毛却由于它昂贵的价格而忧心了。到达目的地的那天晚上，安置好行李之后，三毛就和米夏拿出地图在老城中心乱走一通，想要换一家经济实惠的地方住宿。终于，三毛找到了一家 20 多块美金一间的旅舍，很是脏乱，各种各样的男女进进出出，而它却叫“理想旅舍”。门口有醉汉，三毛倒是不觉得奇怪，只是在她出门的时候，即使身旁有米夏，她还是被人抓了一把，三毛停下脚步骂了那群人一句粗话。其实他们并没有恶意，可却将米夏吓得跑出几步才敢回头。

三毛二姨的女儿已经住在这里很多年了，虽然想念，可三毛却不敢去惊动他们，住了一夜之后才迟疑着要不要和他们联系。最终三毛还是拨通了电话，那个妹夫给三毛的印象还是不错的。表妹十年前就嫁到了巴拿马，她娘家的亲人中，三毛还算是头一个来到这里的。没过多久，表妹夫也打过电话来，询问三毛身体可好，并准备下班后和表妹一同接三毛回家。

三毛虽然并不想这么兴师动众，但是远在他乡，能遇到自己的亲人，三毛还是心存感激的。在旅馆下等待表妹和妹夫的到来，三毛很是紧张，米夏并不愿意三毛去表妹家，不过仍然坐在一边陪着她。表妹夫没什么变化，表妹却从留着长发的文静女孩变成了短发且微胖的戴眼镜的妇人。表妹拉着三毛的手腕向外走，米夏也被强拉上车，三毛不愿意带米夏去，表妹却坚持让米夏先跟着去吃饭。

表妹仍然和三毛讲上海话，偶尔夹着一两句宁波土话，一点都没变，变了的是她在拉丁美洲文化熏陶下的性情，变得开放而坦率。表妹的西班牙文说得很流利，还夹着泼辣的语调，10 年的异乡艰苦生活，表妹已经不再文弱，变成了一个坚强的妇人。表妹的坦率让三毛很是欣赏，席间，她们聊了很多家常话。只有四日停留，为了不给表妹夫增加麻烦，三毛说什么都不肯搬到表妹家。可即便如此，表妹夫仍然请了假，带着米夏和三毛到处观光。换钱、弄机票、吃饭都被表妹和表妹夫包办了。

虽然名为表姐，生活起居却全被表妹包办，这让三毛心里产生了莫名的感动。农技团苏团长一家人来表妹家探望三毛，恳请她到他们家用餐，三毛不愿意麻烦苏妈妈。结果第二天，使馆的陈武官夫妇、中国银行的向家、苏家、彭先生、宋先生、表妹，竟然合起来做了满满一桌子酒菜，欢迎远道而来的表姐。苏家的女孩子们离开中国很多年了，家教非常好，仍然读中文书，是三毛的读者。陈武官夫人也非常喜欢看三毛的书。看到大家都这么喜欢自己，三毛的心里却是一片茫然，因为她自己并不觉得自己哪里值得欣赏。

妹夫和表妹开的都是美国大车，度假就到迈阿密，难免吸收美国文化，但是在家里他们就是实实在在的中国人：生意上各国顾客都有，平日里呼朋引伴过周末，仍然只和中国朋友亲密。表妹和表妹夫赚着自己的钱，享受自己的休闲，根本不去看外面的世界，所以他们仍然是地道的中国人。

米夏也非常喜欢表妹和表妹夫两个人，觉得他们拥有自己的真性情。在巴拿马的最后一天，曾大使夫妇和中央社的刘先生夫妇都来到表妹夫家中看望三毛，对三毛说了很多亲切的话语，让三毛对巴拿马又多了一分好感。临走的那天下午，表妹赶着给三毛包馄饨，让她吃饱后再走。行李中塞满了中国点心，她怕三毛深夜赶到哥伦比亚的时候没有东西吃，妹夫再三叮嘱米夏要好好照顾三毛。

朋友们一趟趟赶到表妹夫家里和三毛见面，直到三毛上飞机前，妹夫还帮她包办了一切。表妹怀中抱着小婴儿，拉着较大的两个孩子，向家夫妇和他们的小女儿、彭先生、应先生……一大群人都在和三毛惜别。进了检查室之后，三毛挥手和众人道别，这才一昂头把眼泪倒咽回去。下一站是哥伦比亚，没有中国人了。

哥伦比亚之行

在巴拿马，三毛将部分衣物寄存在表妹那里，纸张什么都印在了脑子里，也就直接丢掉了。三毛曾在书中读到哥伦比亚这个国家可以用“强盗国家”来形容，因为这里每天都有抢劫、暴行和危险发生，不管在什么地方，什么人都不能掉以轻心。

米夏听到三毛说了哥伦比亚的可怕之后，开始犹豫要不要进驻这一站。三毛却坚持要来，不过太破的旅舍是不会住了。

飞机到达博各答时，三毛将手上戴了八年零三个月的戒指摘下来藏在了口袋里。

博各答的海拔有 2640 米，三毛感到了心脏不适，于是讲好计程车价格之后就指明了一家中级旅馆，直奔目的地。可到了旅馆，司机硬是多要了 7 美金，三毛因为身体不适也没再和他理论。住了两天旅舍之后，第三天旅舍的价格就涨了 27 美金，一问才得知是老板私自涨的价，不愿意住可以立刻离开。冒着微雨，三毛又坐上了计程车，没想到这一次又被司机算计了，没办法，碍于身体不适，三毛只好妥协了。

新搬的那家旅馆上个月刚被暴徒抢劫过，房间里的太太被打死，至今未能破案。刚到博各答的前几天，三毛看到街上的每个人都紧紧盯着自己的皮包，似乎随时都有可能被人抢劫，在这种地方长时间生活下去肯定是会精神衰弱的。米夏看到大家都是神经兮兮的，自己也变得小心翼翼起来，总是跟在三毛身边。三毛喜欢吃路边摊，价格低廉，味道也不错。可就是买个饼，三毛都是付了钱而对方却不肯给饼，还说三毛没有给钱，最开始三毛还和小贩争论几句，但是如今三毛却学乖了，说了句“上帝保佑”，回头朝着那人笑了笑就离开了。在博各答，不诚实的人太多了。

不过殖民地时代的大建筑的辉煌，还是深深地吸引了三毛。哥伦比亚的“黄金博物馆”里收藏着近一万几千多件纯金艺术品，制造它们的工具却是那个时代最简陋的石块和木条，精美细腻的金饰在灯光和绒布的衬托下闪闪发光。

博各答虽然是高原，但周围仍然有山峰，山顶竖立着一个很大的十字架，上面立着耶稣的圣像；还有一座小山顶上立着一座纯白色修道院，三毛没有坐缆车，直接朝着那个修道院走了过去。到达山顶的时候，已经是海拔 3000 米，三毛无法顺畅呼吸，不过此刻三毛却发现，那座白色的建筑并不是修道院，而是一座正在修建的教堂。

教堂的神坛上吊着个金色十字架，神坛后面有楼梯，暗暗的烛光之中，一个玻璃柜子里面放着人身一般大的耶稣雕像，背着十字架，流着血汗，跪倒在地上，表情十分逼真。耶稣面前点着长长短短的红蜡烛，柜子旁边放着很多小蜡像，有的刻着人名，扎着红丝带和一撮人的头发。三毛看到那些代表人身体的小蜡像非常害怕，再抬头的时候，发现自己已经站在了石阶两边。三毛感觉自己被周围的气息压迫得喘不过气来，似乎内心之中有莫大的委屈想在耶稣面前恸哭。

这里的警察也很粗暴，一天晚上，三毛回到旅馆的时候，米夏仍然没有回来。那天米夏被莫名其妙地抓到警察局搜身，第一回被莫名其妙地放了，第二回却一直拖到深夜，此后三毛等人看到警察都会躲着走。哥伦比亚的出境机场税是 30 美金一个人，没有国家能和他相比。

厄瓜多尔之行

由于长时间待在撒哈拉沙漠，受强光照射，三毛的肤色黝黑。她喜欢扎两个粗粗的麻花辫，身上披着蓬松的斗裙，如同吉卜赛女郎。她那奇怪的装束总是让人敬而远之，似乎她是这个世界上的另类，蕴含着神秘的光彩，让人忍不住想要去走近探个究竟。

三毛常常说自己可以感知到自己的前世，那是个陌生而熟悉的感觉，虽然没有经历过、遇到过，可却分明有着似曾相识的感觉，那种美妙的感觉就是前世留下的梦境。三毛经常说自己是印第安的传人，总想着找到自己的前世。她曾经在撒哈拉沙漠感应到了自己的前世，可却并未留下什么清晰的印象，似乎她还没能将它挖掘出来。

每一次三毛面对困境或无法解释的场景的时候，她都会迅速给自己编织美丽的梦境，这个梦境可以实现一切现实中不可能的事。在她的内心之中，有一股强大的力量，可以在她遇到危难的时候保护她，不过这导致的后果，却是她只能一直生活在自己编织的梦境之中，难以面对现实。时间久了，她就会把梦境当成现实。

这次的南美洲旅行对三毛而言，如同在寻找内心之中的上古记忆，她必须深入了解她的祖先，寻找曾经留在印第安的族谱，在那儿，肯定有知道她名字的人。她还给自己起了一个可爱的名字——哈娃。

厄瓜多尔中部的安第斯山脉火山频繁而汹涌，地底下的岩浆随时可能变得兴奋，喷射而出，它的疯狂涌现会淹没当地印第安土著居民的村落，当地的居民会在惊叫声中四散奔逃。古老的村落里面的居民是那样淳朴，他们拥有着最纯正的印第安血脉。三毛来到这里之后就住在了当地的居民家里，学着他们的样子割下玉米叶编织成睡床，把玉米研碎后制成玉米饼，等到第二天拿着割下的食料喂猪。之后娴熟地把麦片和一种植物浆液放到锅里煮，一直到麦片在豆浆一样的汁水之中翻腾，她才把麦片汤从锅里盛出来，和主人家里的亲眷一同享受着早餐。就连主人都觉得奇怪，这个他国而来的女孩怎么会如此娴熟于此地的劳作方式，如同曾经来过这里一样。

其实，在来到这里之前，三毛早就在心中无数次想象过自己过着上古时代的生活。简单质朴的劳作方式早就烙印在她的心里，当她看到真实的劳作方式的时候，很快就掌握了技巧。

三毛坐在多巴湖旁，看着湖边岩石上的斑驳创伤，那里是一片灰褐色，寸草不生，似乎早已被人遗忘，在风雨中独自哀伤。随手拿起树枝在地上翻动，偶尔会翻出陶罐之类的古朴生活用具，以及各种动物的尸体。一开始三毛还是很害怕的，但是仔细看了一会儿，发现这些竟然都是化石，是死去了很久的动物。它们在火山喷发的时候没来得及逃走，就被岩浆覆盖，永远地埋葬在了这里。三毛仔细观察着它们痛苦挣扎的姿态，想象起它们逃走时候的惊慌模样，突然觉得这里仿佛就是存留前世记忆的地方，那个名为哈娃的姑娘一定是这里的土著居民，自己就是哈娃的转世。她开始想象起哈娃的故事：

哈娃的曾祖父被印加征服者杀害后，三万名族人都被挖出心脏，投到大湖之中，那湖被后代命名为“哈娃哥恰”。哈娃的父母被印加人抓了起来，之后哈娃就成了孤女，和老祖父一同生活。祖父是村里的药师，他常常用各种不知名的草药给族人治病。祖父去世后，哈娃嫁给了英俊的猎人。猎人非常爱哈娃，在她怀孕时给她弄来几条鲜鱼。鲜鱼是从“哈娃哥恰”里偷偷捉来的，那是祖宗们心脏的栖息地。族人们说哈娃肯定会遭报应的。一个寒冷的夜里，太阳神开始报复哈娃，让她死于难产，猎人抱着妻子的尸体放声痛哭，一直到她的身体变得冰冷。

“哈娃哥恰”是“心湖”的意思。三毛的这个故事美妙而忧伤，也让她深信自己在这里留下了前世记忆。她在这里生活了一个多月，并将自己的所见所闻都写给了《联合报》，这篇文章在中国台湾掀起了不小的热潮。

但是没过多久，三毛患了“索诺奇”高原症，因此她不能继续生活在印第安村落之中。她每天都将嘴巴张得大大的，想要减轻耳压，也尝试了草药，却都无法减轻症状，最后只得不舍地离开了……

回乡祭祖感悟血浓于水

三毛早早地就回到了中国大陆探亲，因为她希望自己可以早些回到浙江舟山祭祖探亲，也希望可以见到当年写下《三毛流浪记》的作家张乐平。

三毛幼年离开大陆的时候，还不到四岁，却对中国的传统食物很了解，甚至比当地人知道的还多。可能是作为一个作家，使她读过的书、经历过的事比较多吧，也比常人的心思细腻，对新鲜事物更容易心领神会，做起来也比普通人更得心应手。

在浙江舟山的陈家祠堂之中，三毛按照闽南习俗将供桌前的六炷清香点燃之后放到了列祖的排位之前，合掌将香举到了额头，非常郑重庄严地行起了祭礼。走出祠堂之后，三毛就到山上给祖父上坟。走到祖父坟前的时候，三毛已是满脸泪水。她向祖父、祖母各敬了三炷香，又向天地敬了三炷香，最后五体伏地地大拜了三次。

在小城的东北方向燃起了烟火，隔着清薄的雾气看去，竟有一种缥缈之色。三毛清楚地记得，自己以前并不喜欢看烟花，可今日再看到故乡风景呈现在眼前的时候，竟发现自己原来不曾离开过这里，内心之中竟然生出了不舍之情。是啊，毕竟血浓于水，至亲之间总会有一种冥冥之中的感应，更何况是敏感的三毛？

三毛轻轻捧起祖父坟前的一把土，小心翼翼地把它装到了早就精心准备好的盒子里，她寻思着将这土泡茶喝，据说能治百病。之后她回到祖屋，到古井之中打了水，精心装好之后，将它们一同带回中国台湾。

这次的祭祖活动吸引了很多媒体，很多人都说三毛是故意装出这副样子来吸引媒体关注的；也有人说以三毛当时的名声根本不用费这番周折来提高自己的名气，而且她本就不是个争名夺利之人，她的所有行为都是出自本心的。

其实，三毛之所以这么认真地祭祖，只是因为她喜欢游历在自己的梦境之中，她一直都在编织着美丽的故事，让自己深陷其中。这趟祭祖早就在她心里演练过无数次了，她不过是在通过现实证实它。

第二年，三毛再次返回大陆，踏上丝绸之路，情系巴山蜀水，游览长江黄河。她在新疆看到了自己熟悉的沙漠，又一次想到了荷西，心底伤口仍在隐隐作痛。

大概只有大西北的戈壁滩，那种寸草不生的地方才可以让她产生重归故里的感觉。于是三毛让在莫高窟工作的朋友帮她进到了其中的一个洞窟里，她零距离触摸到了菩萨的尊容，并将内心的感受以文字的形式表达出来：“我打开了手电棒，昏黄的光圈下，出现了环绕七佛的飞天、舞乐、天龙八部、携侍眷属。我看到了画中灯火辉煌、歌舞蹁跹、繁华升平、管弦丝竹、宝池荡漾——壁画开始流转起来，视线里出现了另一组好比幻灯片打在墙上的交叠画面——一个穿着绿色学生制服的女孩正坐在床沿自杀，她左腕和睡袍上的鲜血叠到壁画上的人身上去——那个少女一直长大一直长大并没有死。她的一生像电影一般在墙上流过，紧紧交缠在画中那个繁花似锦的世界中，最后它们流到我身上来，满布了我白色的外套。我吓得熄了光。我没有病，我对自己说，心理学的书上讲过人，碰到极大冲击的时候，很自然地会把自己的一生，从头算起——在这世界上，当我面对这巨大而神秘——属于我的生命的密码时，这种强烈反应是自然的。我匍匐在弥勒菩萨巨大的塑像前，对菩萨说：‘敦煌百姓在古老的传说和信仰里认为，只有住在兜率天宫里的你——下生人间，天下才能太平。是不是？’我仰望菩萨的面容，用不着手电筒了，菩萨脸上大放光明，眼神无比慈爱，我感应到菩萨将左手移到我的头上来轻轻抚过。菩萨微笑，问：‘你哭什么？’我说：‘苦海无边。’菩萨又说：‘你悟了吗？’我不能回答，一时间热泪狂流出来。我在弥勒菩萨的脚上哀哀痛哭不肯起身。又听见说：‘不肯走，就来吧。’我说：‘好’。这时候，心里的尘埃被冲洗得干干净净，我跪在光光亮亮的洞里，再没有了激动的情绪。多久的时间过去了，我不知道。‘请菩萨安排，感动研究所，让我留下来做一个扫洞子的人。’我说。菩萨叹了口气：‘不在这里。你去人群里再过过，不要拒绝他们。放心放心，再有你回来的时候。’我又跌坐了一会儿。菩萨说：‘来了就好。现在去吧。’”

走出洞窟的三毛如同换了一个人一般，整个人看起来精神抖擞，她郑重其事地对那位朋友说，自己是个看破红尘的人，该放下世俗的一切了。那位朋友被她的话吓得不轻，她却是莞尔一笑，安慰道：“现在还不是时候，等到了那个时候，我希望可以葬在此处，每天感受佛祖的梵音。”

之后三毛飞往上海，认张乐平为干爸。这个时候的张乐平已经患上了很严重的帕金森病，在疗养院中疗养，看到这个从天而降的干女儿，他很是开心，两个人聊了很久。大概是从小就喜欢张乐平，此刻看到老人家，三毛备感亲切。在张乐平的眼中，此刻的三毛很是真诚，浑身散发着孩子气，二人相谈甚欢。张乐平还将涤卡布的中山装送给三毛收藏，这份珍贵的感情一直持续到1991年三毛去世，当时张老仍健在，得知此消息后非常伤心，于次年9月逝世，临终前还和自己的子女谈起了三毛，尽是惋惜之情。

红尘阡陌终一梦

三毛曾经把自己关在屋子里那么多年，不与外界交流，只是那么静静地待着、想着、沉默着，就像一个局外人。直到有一天，她拿着机票飞到了远方，从此之后，开始了流浪的生活，再也停不下脚步。流浪，流浪，究竟哪里才是归宿，没有归宿……

三毛曾经向家人和朋友许诺不会再轻生，会珍惜自己的生命，将生命视为思考问题的起点和关键，只可惜她并未能做到……

1991年1月2日，三毛由于病情加重而住进中国台北荣民总医院，她的身体本来就很虚弱，再加上常年被疾病纠缠，每况愈下，更是孱弱。这一次，三毛因为子宫内膜异位肥厚，影响到了激素的生长分泌。虽然病情不是很严重，但还是需要做一场小型手术的。三毛被安排到单人特等病房里，中正楼A072室，有独立浴室和卫生间。病房里，三毛告诉母亲，她看到身旁有很多小孩子在跳舞，有的长出了翅膀。缪进兰很了解自己的女儿，她是个思想活跃、不受控制的人，常常会脱口而出玄幻的东西，也就没当回事儿。

当时三毛的内心非常平静，大概是她性格的特性，让她总是钟爱那些突如其来的东西，她总是非常期待惊鸿一瞥的刹那。1 月 3 日，三毛进行了手术，手术过程很是顺利，术后只要用几次药就能痊愈了，医院安排三毛 1 月 5 日出院。三毛醒来后，看到了憔悴、衰老的双亲守在身边，苍白的脸上露出一丝笑容，她让母亲给她梳洗打扮，自己约见了一位心理医生，之后吃了点流食，等到傍晚的时候三毛已经很是精神，她对自己的父母说自己感觉好多了，让她们回去。晚上八点左右，陈嗣庆夫妇就回家了。

两个小时之后，缪进兰接到了女儿从医院打过来的电话，一开始，三毛语气平和地向母亲叙述自己的病情，之后就呓语了很多让缪进兰难以理解的话，只记得有一句是："那些小孩又来了。"缪进兰安慰道："大概是小天使在保护你。"三毛凄惨地笑了笑，随即挂断电话。

深夜值班人员查房的时候，发现三毛的病房里还未熄灯，敲门提醒后，三毛却对值班人员说自己的睡眠质量比较差，希望夜里可以不被打扰。

1 月 4 日早晨 7 点零 1 分，清洁女工推开了三毛的病房，走到室内，立刻就被吓呆了——卫生间里是三毛冰冷的身躯，她用了一条咖啡色尼龙长丝袜自缢在浴室中吊点滴的挂钩上。

医院立即报案，法医经过 4 个小时的现场勘查：三毛穿着白底红花睡衣，颈部有深而明显的勒痕，紫迹由项前向上，直至两耳侧，舌头外吐，眼睛微张，血液已倒灌四肢，身体呈灰黑色。死亡时间是 1 月 4 日早晨 2 点左右，没有发现他杀疑点，确定为自缢身亡。而且三毛死前并没有任何的求生意向，否则扶住马桶边扶手就能保命。

一直到上午 10 点 45 分，医院才把三毛遗体交给陈嗣夫妇。得知这个消息之后，夫妻俩悲痛万分，他们将三毛生前布置的育达商校附近的公寓作为三毛纪念馆。母亲缪进兰写下了这样的文章："她有今天的文学事业，都是联合报培养的，我也希望请联合报来主持治丧事宜。联合报造就了她，我也希望报社给予鼎助，使她走得风风光光的，她生前曾对我说喜欢火葬，认为那样比较干净。她生前最喜欢黄玫瑰，她不喜欢铺张，我也要选她在家里平常最喜欢的衣服缀上黄玫瑰给她穿上，外边套上一个漂亮的棺材就行了。她的骨灰，我希望放置在阳明山第一公墓的灵塔上。三毛就这样莫名其妙地走了。命运夺我爱女，苍天对我，何其残忍！”

一时间，中国台湾、中国香港等各大知名报纸都在最显著的位置刊登了三毛的死讯，三毛的生前好友也开始悼词怀念。

琼瑶说："三毛对生命的看法与常人不同，她相信生命有肉体和死后有灵魂两种形式，我们应尊重她的选择，不用太悲哀。三毛选择自杀，一定有她的道理。三毛是很有灵性和聪明才智的，也许她是抛下有病的躯体，步入另一形式的生命。三毛的经历丰富，活了 40 多岁仿佛活了 400 岁。"

三毛生前的挚友——丁松青神父写道："每次她离开，总会忍不住落泪。上回她走的时候，曾戏称清泉是'RIVEROFNORETURN'（按：不归泉），含泪说她永远不回来了。也许她不适宜活在这个世界吧！现在她可以在九泉之下见到她挚爱的亡夫了。但愿她能得到她一生祈求的满足与快乐。"

作家倪匡是这样评价的："三毛的自杀，与肉身的病痛无关，最大的可能是来自心灵深处的空虚寂寞。三毛一直有自杀的倾向。她是一个戏剧性很强、悲剧性很浓的人物，她是因失去爱与被爱的力量才离开人世的。"

……

究竟三毛因何而自杀，只有她自己才知道，她的一生，一直迷恋那种极致的追逐，热衷于流浪，她所走的每一步都是那么自信满满，从未怀疑过自己走过的风景，从未遗憾过缺失的美好。她一直享受着旅途带来的一切，美好也罢，灰暗也罢，都是她所热爱的风景。

三毛把自己的情感倾注于自己所走过的每一步路，她永远清楚自己想要什么，也一直在竭尽全力满足自己。她曾说："生命短促，没有时间可以再浪费，一切随心自由才是应该努力去追求的，别人如何想我，便是那么的无足轻重了。我真愿意慢慢化作一个实实在在的乡下人，化作泥土，化作大地，因为生命的层层面貌只有这个最贴近我的心。"三毛不喜欢刻意编排的东西，不喜欢重蹈覆辙，她热爱冒险，愿意去体会旅途的艰辛，喜欢那种突如其来的惊心动魄。她从来不去强求，喜欢一切顺其自然的东西。在她看来，生活应该如流水一般缓缓前进，三十岁的时候没必要去急着五十岁的事，生的时候不必期望死的来临，因为这一刻早晚会来的。

三毛始终相信永恒，她成了自杀神的信徒，她相信因果和轮回，她的心里也有信仰，只是她不清楚那是什么，只知道冥冥之中自有天意，一股引导着她的力量让她没有退路，只能不断前行。

三毛把自己的生命终结在了第48个春秋，可能在世人的眼中是遗憾的，但是她自己却觉得这个过程是繁华的，所以她才会说出“假如我选择自己结束生命这条路，你们也要想得明白，因为这对于我，将是一种幸福”“我的心境，已如渺渺青空，浩浩大海，平静，安详，淡泊”“红的寂寞，唯有在雪地或阴暗的背景下，才会体现那股鲜血的颜色。明日，是一个不能逃避的东西，我没有退路。有谁，在这个世界上不是孤独的生，孤独的死”“不知什么时候开始，我已经沉醉在那个世界里不能自拔，虽然我害怕，我矛盾。但我却说不出对那种快感的依恋。夜以继日的，我逃避，我也寻找，我知道，我已经和它融为一体”“失了欲，来了心，大梦初醒，那人却是归彼大荒去也”“不要问我从哪里来，我的故乡在远方，为什么流浪，流浪远方”的话语。

三毛的情感从来都是处在勃发的状态，永远都是那么深刻而沉重，她的旅途绵延不断，她的爱情一直在继续，她的生命一直在燃烧。那个与众不同、不甘于平庸的三毛，就这么消逝在人间。